尋跡長安

散落在市井里的传统文化

王海侠 著

陕西新华出版
陕西人民教育出版社
·西安·

图书在版编目（CIP）数据

寻迹长安：散落在市井里的传统文化 / 王海侠著
. -- 西安：陕西人民教育出版社, 2023.4
ISBN 978-7-5450-9268-4

Ⅰ. ①寻… Ⅱ. ①王… Ⅲ. ①地方文化-文化研究-西安 Ⅳ. ①G127.411

中国版本图书馆CIP数据核字（2023）第029081号

寻迹长安 散落在市井里的传统文化

XUNJI CHANG'AN SANLUO ZAI SHIJING LI DE CHUANTONG WENHUA

王海侠 著

出　版　陕西人民教育出版社
发　行　陕西人民教育出版社
地　址　西安市丈八五路58号
经　销　各地新华书店
印　刷　三河市悦鑫印务有限公司
开　本　787 mm × 1092 mm　1/16
印　张　15.5
字　数　260千字
版　次　2023年4月第1版
印　次　2024年6月第2次印刷
书　号　ISBN 978-7-5450-9268-4
定　价　68.00元

拾穗者语

那时候的炎夏，傍晚烈日威力稍减，但仍显燠热。收割过的麦田在暮色中广袤苍茫，袒露着坚实的黄色胸膛。我挎着竹篮，跟着母亲、姐姐捡拾麦穗。一串串麦穗金灿灿、沉甸甸，仿若珍宝。

粮食赖于天地供养和汗水浇灌，是生命支柱，即便是遗落的麦穗，农人也要不辞辛劳让它们颗粒归仓，去到该去的地方。随着捡到的麦穗越来越多，篮子越来越沉，我觉得自己的内心也越来越充盈。将一块田里所有的麦穗全部捡拾进篮，那感觉好似完成了一项神圣的使命，如此便不愧对奉出这珍宝的大地。

多年以后，生活在西安城中的我，竟神奇地拥有了少年时在田野中捡拾麦穗的感觉。

从学校毕业后，不多久我即辞去咸阳国企的职位，来西安城寻梦。西安在我心中，是闪闪发亮的殿堂，移步唐诗宋词，触目历史文化。自那个榴花似火的五月踏进西安城起，我在这个古老的城市中已经生活了二十多年。

我曾经写有一篇文章刊登在《西安日报》上，题目叫《二十年光阴穿城而过》。那是我来西安的第二十个年头写的。如今在西安生活的时间，早已超过我在故乡长大的十六年。西安是我的第二故乡，我对这片土地爱得深沉。

在漫长的岁月里，我穿梭于西安城的大街小巷，遥望她的前世，见证她的今生。开始写作以后，我写了一些关于西安城的文字，但都是零散文章，用一本书来描述我心目中的西安城，我总觉还未完全准备好。这样一座经过悠久时光淬炼、荣耀与风华纷披的城市，我要用何等的笔力，来绘就她的哪一种风貌？

自2019年开始，我参与了“杭州优秀传统文化丛书”的创作。写完两本关于杭州地域传统文化的书以后，我想，西安的文化底蕴并不亚于杭州，既然我可以写杭州，为什么不能写自己日日生活在其中、亲近如骨肉血脉的西安？

恰在这时，方香与我聊起选题之事，我们一拍即合，决定合作一本献礼西安的好书。我与方香曾共事多年同为编辑，是君子之交淡若水，也有惺惺相惜之意，我完全相信我们的合作前景光明。

大的选题确定了，但是面对历史文化浩瀚如星河的西安城，我该从哪一处下笔来开启这座巨大宝库呢？

在居所附近的莲湖公园散步时，看到古色古香的承天阁，我突然有了灵感。承天阁是在唐代承天门的遗址上建成的，如今在这座仿唐建筑下面，一块小牌子上寥寥的文字介绍，连接的是千年前光阴那头，盛世大唐古长安的繁茂生命印记。

过往行人匆匆而过，鲜少有人驻足观看承天阁和它的文字介绍。我曾经也是这样身在宝山而不知，因为熟悉，便少了探寻的动机，以为一切都是自己粗粗了解的表面模样，以为对西安城已知悉够多。

这种感觉很像我们与母亲的关系。我们眼中的母亲，只是她呈现在我们面前的样子，她身上那些我们所不知道的部分，写出来会是一本厚重的大书。她过往生命中那些闪闪发亮可供珍藏的记忆与经验，就记录在那本无形的书里，你也许从不曾掀开，也许只看到扉页，也许匆匆浏览便搁置一旁。我们不是缺乏兴趣，便是少了耐心。

在写杭州优秀传统文化的过程中，我发现在历史文化名城的细密肌理中，可供挖掘的宝藏太多、太多。当我用这种探寻宝藏的眼光回过头来看熟悉的西安城，便于寻常巷陌之中，找到了今之西安与古之长安的血脉联系，太多太多传统文化的宝藏，像隐身的珍珠一样散落在市井之中，由此，我找到了破译宝藏的密码——从一个个我们最常见的地名入手，用我的笔绘出一幅有限的藏宝图。

自然，以西安巨大的历史文化的包孕力和吐纳力而言，我用一本书的文字所描绘出的藏宝图，其每一处标识，也仅是一个宝库分支的入口。通过这个入口，你会探到整个中华传统文化的宇宙星河，你会发现比海更深、比天更阔的世界。由此，你看待一个城市或者看待自己生命的眼光，也会有所不同。

正是在写这本书的过程中，我体验到了少年时在田野里捡拾麦穗的感觉——仿若将珍宝一一获为己有，那种成就感和喜悦并非只为自己：我与母亲、姐姐捡拾的麦穗，成为仓廪丰实的一部分，不只滋养我们一家人的身体，还会被运送到遥远的地方，滋养一个个陌生人的身体。

是以，我在西安城的市井巷陌中一一捡拾散落的传统文化，这是对我自己精神的滋养，我将自己的收获形成文字，亦是希望能对他人的精神进行滋养，为西安城、为整个中华古老文化的巨大根系洒落一点自己酿制的甘露，虽然它微小如珠，但一滴水也能映射太阳的光芒。我希望更多的人能因为这滴水珠，而生出追寻太阳的勇气。

观看法国画家米勒的著名画作《拾麦穗的人》，我心中时常涌起感动。画中人深深弯下腰身，这是对大地的敬畏与感恩。当年我在田中捡拾麦穗时，也曾做过同样的动作。如今，我用文字拾穗亦播种，这也是我向着东方文明的深深鞠躬。

王海侠

二〇二二年十二月十九日于西安

目录

壹 · 砖瓦草木写就的史书

贰 · 笔墨与口耳接力的传奇

叁 · 那些逝去的真实

肆 · 人间烟火 最深处

伍 · 锦绣文心 耀古今

壹

砖瓦草木

写就的史书

『报恩寺街』

国家宝藏背后的皇室悲歌

央视的一档节目《国家宝藏》，曾向观众推荐过陕西历史博物馆的一件国宝——《阙楼仪仗图》，它是唐懿德太子墓葬壁画中的一幅。这幅壁画仿佛带领观者穿越到大唐盛世，让观者亲眼看见金碧富丽的皇家宫阙和浩繁盛大的皇家威仪，唐风唐韵扑面而来。画面上一片繁华，而背后却深隐着悲凉。

彼时，唐王朝如日中天。公元683年，唐高宗驾崩，不久太子李显登上皇位，是为唐中宗。谁知还不到两个月，武则天便将李显废黜为庐陵王，立李旦为帝，是为唐睿宗。

李显从云端跌落深渊，他的嫡长子李重照小小年纪就尝到了世态炎凉的滋味。唐高宗在世时，非常喜爱这个孙子，李重照出生不久即被立为皇太孙，如果没有意外，他本应是唐朝第五位皇帝。

但人生没有如果，随着父亲被废，李重照的身份由皇孙变成了平民，他无法掌控自己的命运，甚至失去了姓名自由——武则天登基称帝后，以“曌”字为名，日月双双当空，光焰灼人。李重照为避皇帝名讳，便改名为李重润。说来也奇怪，在武则天的众多孙辈中，独有李重照犯了皇祖母的名讳。是巧合，还是冥冥中的天意？这一年，李重润八岁。

武则天在皇帝宝座上尽情书写女性传奇，即便她权力通天，亦难敌岁月老去。日暮残年，即使万般不舍，她也不得不放开紧握皇权的手，开始考虑皇位继承人选。公元698年，李显再次被立为太子，十六岁的李重润成了年轻的郡王。

李重润风神俊朗、知书识礼、品性温良，同所有这个年龄段的少年一样，他也对世事怀揣一腔热血。眼见武则天宠幸的两位“小鲜肉”张易之、张昌宗有恃无恐、胡作非为，李重润不免愤愤不平，私下议论了几句。

不料此事被武则天得知，她觉得自己的尊严受到了极大冒犯。皇室中的亲情本就淡薄脆弱，盛怒之下的武则天下令杖杀李重润。李重润十九岁的青春年华，就此戛然而止。可以想见，眼睁睁看着母亲杀害自己的儿子，李显心中该是何等痛苦，但他又能做什么？只有隐忍，只有等待时机。

机会终于来临。神龙元年（705年），当如风中残烛般垂老的武则天病重之时，李显与张柬之等人发动“神龙政变”，迫使武则天退位，李显再度登上皇位。此时，他有了足够的权力保护儿子，但李重润却已不在。

怀着对儿子的深深怀念与愧疚，李显追封李重润为懿德太子，并将李重润的灵柩由洛阳迁到乾陵，让儿子与他亲爱的祖父相依相伴。李重润生前所受的屈辱与磨难、所欠缺的荣耀与富贵，做父亲的都要尽数补偿。李显将李重润的墓升格为陵，这是皇帝才有的待遇。墓室修成了宏

《阙楼仪仗图》（局部）

大皇宫的模样，墙上画着近四百平方米的壁画，画中的青龙、白虎、城墙、阙楼、宫女、乐伎以及威仪赫赫的仪仗队，都仿佛簇拥着另一个世界里的青年皇子尽享浮世欢悦。墓室壁画其中之一，就是《阙楼仪仗图》，这是目前发现的唐代壁画中场面最大的传世作品，也是极为珍贵的研究唐代建筑、艺术的史料。

阙是古代在宫殿、祠庙、陵墓前对称设置的高台建筑物。唐代建筑讲究门阙，阙楼就是礼制的一种体现。一般而言，与唐代太子地位匹配的只能是二出阙楼，而李重润的墓室壁画《阙楼仪仗图》中出现了天子才能享有的三出阙楼，这是一个父亲的无奈与深情。

在《阙楼仪仗图》现世之前，唐代建筑三出阙楼的形象模糊不清。正是这幅壁画，让古代建筑活了起来，为千百年后的世人所真切感知。借助画中的形象，我国当代著名建筑大师张锦秋在西安大唐芙蓉园和上海世博会西安大明宫案例馆中，复原了三出阙楼的设计。

《阙楼仪仗图》中的三出阙楼

奇妙的是，《阙楼仪仗图》之所以能够体现出这样极高的历史考古价值，其实正源于它本身具有的艺术价值。

细观《阙楼仪仗图》，如在现实中仰视高大楼群，阙楼巍峨的身姿，衬以城墙、远山的背景，颇似一幅写实工笔画。但其实，《阙楼仪仗图》并非工笔画，而是一种被人所遗忘的古老画种——界画。

大唐芙蓉园的三出阙楼

界画，顾名思义就是以界尺引线所

作的画。早在晋代，界画就已出现，隋唐时期，界画已发展到很高的水平。广义的界画，画中之物包括宫室、器物、车船等，狭义的界画则专画亭台楼阁。不论所画何物，界画的创作宗旨始终是工整写实、造型准确。

或许是因为缺少飞扬的美感与虚幻的想象，界画在明代以后就淡出了人们的视野，取而代之的是文人画的盛行。时至今日，界画已少有人知。所幸还有《阙楼仪仗图》，后世之人才能顺着古画提供的线索，发现大唐盛世的建筑与艺术的另一面。

懿德太子的墓地在乾陵，他与西安又有什么关系呢？这又要回到那个遥远的年代。唐中宗李显为了纪念儿子李重润，将建于隋开皇年间的慈门寺改建为懿德寺，而懿德寺的位置，据说就在如今西安含光门里的报恩寺街上。

盛唐时的报恩寺街，附近是国家重要官署鸿胪寺和国宾馆鸿胪客馆。这里至朱雀门一带，是丝绸之路贸易最为活跃的所在，万国来朝的气象在此可窥一斑。相传元朝时这条街上有御赐给也鲁夫人的花园，后改为大兴国报恩寺，明清称报恩寺。

如今走在西安城中，报恩寺街上已看不到寺庙的影子，报恩寺与懿德寺都已消失不见，只留下一个散发古意的地名。

每一个地名，都是时光长河岸边遗留的珠贝，当我们沿河溯流而上，那些曾在时空中鲜活存在过的人与事，那些被尘埃掩埋的文化、艺术的光芒，会再次复活，让我们看清一个城市、一个民族的来路，从而更好地面向未来。

『兴善寺西街』

红尘道场，千古佛心

如同一枚定海神针，兴善寺西街于西安城南的繁华红尘之中，独守一方庄严宁静。这定力来自一座古寺——大兴善寺。

钟磬声声，响在大兴善寺的今生，梵音袅袅中，久远的前世如青灯下的黄卷，一页页翻展，一座古寺的生命脉络渐次清晰。

陕西历史博物馆藏有一枚外形酷似骰子的珍贵古印。这枚古印用煤精制成，共有二十六面，刻有四十七字，是我国目前已知印面最多、正文字数最多的印。这枚印章的主人，是有“史上最牛岳父”之称的独孤信。

独孤信印

独孤信是西魏、北周时期的名将。他年轻时就因颜值高、衣着风格独特、军事才能出众而成为众人追捧的偶像，后来成为朝廷重臣。独孤信有七个女儿，个个美貌与智慧并存，其中有三个当了皇后：大女儿是北周明帝的明敬皇后；四女儿是唐高祖李渊的母亲，被追封为元贞皇后；七女儿是隋文帝杨坚的文献皇后。

只是，这些都是身后的荣耀。在北周王室的皇权角力中，独孤信成了牺牲品，被权臣宇文护逼迫自尽。后宇文护挟持宇文毓继位，是为北周明帝。宇文毓外表文弱，内心却极有主见，他忍受屈辱与宇文护艰难周旋，并设法在都城长安建了一座陟岵寺，这是幽微隐情的出口，也是重压之下的抗争和无声呐喊。“陟岵”一词出自《诗经》，意思是登上高山、思念亲人。宇文氏虽属鲜卑族，但却强烈渴慕汉文化，北魏的汉化即是明证。陟岵寺其实是宇文毓对岳父独孤信的隐秘怀念。

时光如水，朝代更迭。隋朝建立后，隋文帝杨坚在长安建大兴城，将陟岵寺迁入城内，与原在靖善坊内、建于晋朝的遵善寺合并，扩建成一座宏大辉煌的寺庙。因此寺在大兴城靖善坊，因此名为“大兴善寺”。

当时的大兴善寺位于朱雀大街以东，是《易经》中所谓的“九五贵地”，与玄都观隔街相望，占据了整个靖善坊，其规模之大、规格之高，不但为全国第一，也名扬海外。隋开皇年间（581—600年），印度有三位僧人不远万里来到长安，在大兴善寺翻译佛经，弘扬佛法。这三位印度僧人被后世称为“开皇三大士”。

他们不知道的是，在一百多年之后，也有三位僧人，从印度来到中国，在同一座寺院里创造了永久留存的神迹。他们就是金刚智、善无畏与不空。

金刚智与善无畏先后由印度慕名来到当时世界上最繁华、最美丽的都城长安之后，都曾在大兴善寺翻译佛经。彼时，密宗在中国尚未得传，由于善无畏和金刚智的到来，中国佛教才有了密宗，可惜还未等密宗得以大力弘扬，这两位高僧便已相继在洛阳圆寂。

历史将重任交给了金刚智的徒弟不空。

安史之乱爆发时，唐玄宗流亡蜀中，众人仓皇逃命，不空却镇定自若坚守长安城，并与太子李亨保持密切联系。他以佛法做掩护，秘密为李亨提供情报，在安禄山眼皮底下为唐王朝的复兴做着努力。

安史之乱平定、长安收复后，继位成为唐肃宗的李亨，对不空倍加礼遇，不空后来成了大兴善寺的住持，开始集中、大量地翻译佛经，弘扬密宗。不空译经数量、质量都堪称高峰，后人将他与鸠摩罗什、真谛、玄奘并称为佛教四大译经家。

大兴善寺　张小川 / 摄

佛文化这朵初生于印度的奇异之花，要在中国的土地上生根发芽、抽枝散叶，佛经翻译是不可或缺的环节。中国佛教的译经事业，起于东汉末年，到唐代达到全盛。因为不空的译经影响巨大，大兴善寺与大慈恩寺（玄奘曾在此译经）、荐福寺（义净曾在此译经）并称为长安城三大译经场。

不空住持大兴善寺后，在寺内开设灌顶道场和戒坛，在大唐首开“醍醐灌顶”之风。自此，大兴善寺成了中国佛教密宗祖庭和中心道场，不空成了唐代密宗的集大成者和最为得力的弘扬者。

如同天空不会总是晴明，佛教在日暮西山的晚唐遭遇了一场浩劫。因唐朝前任皇帝均大力提倡佛教，大唐寺庙林立、僧尼如云，寺院不但不用纳税，还需要朝廷和民众供养，这对于气势衰微的晚唐王朝来说，是一个沉重的负累，因此崇奉道教的唐武宗上台后就实行了“灭佛”的政策，致使大量寺庙被拆除，大兴善寺也未能幸免。

大兴善寺　张小川 / 摄

佛教文化本是外来文化，但与中国文化水乳交融之后，已成为中国传统文化不可或缺的支流。因此，五千年中华文明赋予了佛教文化强韧的生命力。经过了晚唐的没落、宋元的沉寂之后，大兴善寺在明清得到了复兴，此后历尽波折磨难，屡次遭毁，屡次重修，至今仍清梵唱远、香火旺盛，是我国重要的佛教文化圣地。大兴善寺之所以有此幸遇，是因为中国民众始终心怀良善、慈悲，精神的力量可战胜一切。佛心千古，永不磨灭。

现代社会，红尘纷扰不亚古时，每个人的内心都需要净化、需要定力。迷惘焦躁时，来大兴善寺走一走，听一听颤悠悠的钟磬之音，看一看殿堂端肃、法相庄严，便是一种智慧的觉悟、身心的修行。

『湘子庙街』

韩愈的贬谪之路与韩湘子的成仙之路

一封朝奏九重天，夕贬潮州路八千。

欲为圣明除弊事，肯将衰朽惜残年！

云横秦岭家何在？雪拥蓝关马不前。

知汝远来应有意，好收吾骨瘴江边。

写这首《左迁至蓝关示侄孙湘》时，韩愈正在如今的陕西蓝田。冰天雪地中，韩愈的心境也如冰雪般苍凉。这位唐代大文豪，一夕之间由朝廷重臣成为即将远赴潮州的贬官。原因何在？只因他是一个无神论者，是一个不折不扣的"耿直哥"。

唐朝历代皇帝都崇信佛道，唐宪宗也不例外。公元819年，唐宪宗迎佛骨入宫，一向反佛反道又刚正敢言的韩愈，立刻上了一封奏章给宪宗，说历来崇信佛教的皇帝都不见得能享福寿。宪宗迎佛骨本是为了祈福求寿，看罢奏章勃然大怒，要下旨将韩愈处死，幸得百官求情，才改为贬官潮州。

时年五十一岁的韩愈，政途受挫，心情极为低落，想到潮州在遥远的南方，荒凉偏僻，又有瘴疠之毒，此番前去，恐怕难以活着回来。这时看到远道追随自己而来的侄孙韩湘，便心生万般感慨，遂写下了这首诗。韩愈不会想到，他在贬谪之路上写下的这首诗，竟将韩湘“送”上了成仙之路。

在人们熟知的道教故事《八仙过海》中，那位横吹竹笛、风神散逸的韩湘子，原型正是韩愈的侄孙韩湘。但查遍史料，却并未有韩湘修道的任何记录。所能确知的是，当年二十五六岁的韩湘，在韩愈写下含有他名字的诗后，一路从蓝关追随到潮州，后来考取了进士，并与贾岛、姚合等诗人有往来。仅此而已。

八仙过海图

那韩湘究竟是如何成为神仙的呢?

唐朝有位名叫段成式的人，写了一本名学《酉阳杂俎》的书，书里有一个故事，讲韩愈在被贬潮州之前，于长安城里见到了一位前来投奔他的远房侄子。他劝诫这位年轻人要务正业，要学习安身立命的本事。年轻人向韩愈展示了他的神奇技能：他指着院里的牡丹花，顷刻之间便将紫花变成了白、红、绿三种颜色，且花上还显现出了“云横秦岭家何在？雪拥蓝关马不前”的诗句。

这自然是段成式的杜撰。韩愈被贬潮州那年，段成式十六岁，自然知道关于此事的来龙去脉。信佛的段成式编这个故事，大概是对韩愈有些讽刺或恶搞的意味。不过他在故事中，让韩愈与道教有了瓜葛，这正好为道教的宣传者们提供了利用名人效应的契机。

自古以来，很多历史名人都成为道教神仙故事的主角。因韩愈曾激烈反佛反道，做主角不太合适，段成式的故事正好提供了一种新思路——虽然韩愈不可能信道，但是他的亲戚信道却很有可能。

基于此，唐末五代有个叫杜光庭的道士，就在《仙传拾遗》这本书里，对段成式的故事进行了改编和进一步加工。在杜光庭版的故事里，仍是韩愈和一位年轻亲戚的人物设定，事件的基本脉络也大致与段成式版相同。只是这位年轻人的身份由韩愈的侄子变成了外甥，他掌握的技艺更神奇、更丰富，言谈之间尽是道教的高妙理论，让韩愈惊奇不已，甚至有些后悔没有尽早接触道教以先知先觉，避免祸事。

这自然也是杜光庭为宣扬道教所编的故事。无论段成式还是杜光庭，他们所编的故事中的年轻人始终未明确与韩湘挂上钩。到了北宋《青琐高议》的作者刘斧手里，这个故事被延续新编之后，明确了年轻人的名字就叫韩湘。

在刘斧的故事里，韩湘自称有改变造化的神技，韩愈不信，韩湘便瞬间将水变成美酒，又片刻之间催开牡丹。当花上显现出“云横秦岭家何在？雪拥蓝关马不前”这句诗时，韩愈不解，韩湘说：“日后便可应验。”后来便有了贬官潮州、蓝关写诗之事。韩愈对此既惊且佩，受韩湘点化后，与其一同成仙。

这个故事的续写还没有结束。明嘉靖年间，有一位名叫吴元泰的职业小说家，创作了一部神仙小说《东游记》，其中的神仙天团，就是知名度非常高的八仙组合，韩湘子位列其中。

至此，韩湘子的成仙之路终于“走”完了。仔细研究每一个关于韩湘子成仙故事的时间节点，恰好都是历朝统治者对道教极为崇信的时期。作为中国本土宗教，道教在民间的影响力并非只是通过神话故事来显示，大量修建的宫观庙宇即是另一种方式，比如在西安城里，就有专为韩湘子修建的湘子庙。

许是因了刘斧的故事，宋代时西安城便修建起了湘子庙，金元时期战火四起，湘子庙毁于一旦，明朝时才又被重建。新中国成立后，政府对湘子庙进行了一次完整修复，如今它才得以安立西安南门里之西的湘子庙街，于一片繁华中清虚静守。漫步在湘子庙街，一座古色古香的牌楼矗立眼前，只见牌楼两侧的对联上写着：

曾是仙乡，玉鼎堪破几朝繁盛
依然形胜，翰苑赋成万卷风云

这些文字，让人忆起逝去的繁盛与风华。

湘子庙街口，湘子门牌楼风采犹在

【德】加博尔·霍瓦特（Gabor Horvath）/摄

以文为傲的韩愈大概没有想到，他在贬谪之路上的一首诗，便使得本是一介凡胎的韩湘成了神仙。其间种种，既是儒家文化与佛家文化、道家文化的冲撞与交融，也是中华传统文化的正向演化与积极内循环。

儒、释、道三种文化互有差异但并非不可相容，它们千百年来始终相依共存，塑造着每一个中国人的气质和精神，也共同撑起了中国文化的广阔天空。这正是中华文化独有的魅力所在。湘子庙街上的湘子庙，正是其中映射的一道光芒。

『五岳庙门』

杨虎城将军的抗疫往事

陈忠实在小说《白鹿原》第二十五章中，描写了一场如洪水般席卷白鹿原的大瘟疫。族长白嘉轩眼见着几个月来族人一个接一个死去，疫情造成的危机近于灭族。人们都认为，这是死去的田小娥的鬼魂在作祟，白嘉轩便在田小娥曾经住过的地方建起了一座六棱砖塔，后来瘟疫便渐渐散去了。

小说中所写的瘟疫真实发生过，那就是1932年全国流行的大霍乱。彼时，霍乱肆虐全国二十三个省市，陕西疫情空前严重，为近代以来所罕见。

1932年7月，霍乱侵袭了西安城，以一种不可思议的速度传播着。短短一个多月过去，一千三百多人染病，近一千人逝去。这座从岁月深处走来、经历了无数风雷动荡的古城，失却了往日的繁华与生机，变得安静又萧索，钟楼的钟声似乎也浸透了悲伤。

此前，陕西遭受了近十年的严重旱灾。干旱之下，空气质量差，民众生活艰难，人们的身体素质及抵抗力都有所下降，这些助长了瘟疫的

杨虎城将军

进一步蔓延。

当时，杨虎城将军主政陕西。杨虎城是个出身贫寒的苦孩子，十三岁就当了童工。生逢乱世，长大后的杨虎城成了闻名遐迩的关中刀客与孤勇侠士。后来杨虎城加入国民革命军阵营，很快成长为年轻得力的战将。

1926年，曾在陕西作恶多端的军阀刘镇华在吴佩孚、张作霖的支持下，纠集十万人进攻西安城，企图再次掌控陕西。杨虎城与李虎臣带领西安军民拼死坚守八个月，终于在1926年11月，与冯玉祥里应外合，打赢了这场西安保卫战。

对于西安城里的一街一巷、一草一木，杨虎城都有着天然的亲近感。他与这座城市有着深厚的情谊，与这座城市里的人们有过命之交——他们共同用生命守卫了十三朝古都的尊严与完整。

眼下，看着这座城市正在遭受劫难，杨虎城怎能不忧心如焚？那时，人心惶惶，谣言四起，杨虎城沉着冷静，迅速厘清思路，开会确定应对方案，成立临时防疫委员会，请时任陕西陆军医院的院长杨叔吉等人担任委员，同时将西安平民医院改设为临时防疫医院，在疫情较重的地区，设立临时防疫处。

因疫情最初是从潼关传入，因此杨虎城下令暂停西安与潼关的交通。他还要求各地如实上报每日发病人数与死亡人数，积极落实消毒、隔离、疫情宣传、疫苗接种、出入检查等措施。外来瓜果一律不得入西安城，禁止售卖生冷食物，停止一切娱乐活动。

防疫医院成立后，为了解决人手不足的问题，政府面向社会招考受过护士教育、具有医学常识的人，经过十门功课、四十小时的紧急培训以及十二小时的紧急实习后，这些白衣天使便逆向而行，加入拯救生命的行列之中。

在这场战疫中，杨虎城肩上担子之重自不待言。为了打赢这场没有硝烟的战争，杨虎城成立了陕西防疫处，这在全国尚属凤毛麟角。陕西防疫处设置有防疫科、制造科和事务室。防疫科主要负责传染病的预防与诊疗，制造科则主要负责疫苗的研发。防疫处设立当年，就在全西安市开展了大范围的疫苗注射，共十六万人受益。

在杨虎城和全体西安人民的努力之下，疫情持续四个月后逐渐散去。此次战疫虽取胜，但杨虎城考虑得更为长远。1933年，他主持修建了一座专门的传染病防治医院，这座医院就是如今西安市第八医院（陕西省传染病医院）的前身。医者，当恒常抢持仁心，防疫工作更是如此，一切都要事先考虑周全，未雨绸缪，防患于未然，才是对生命最大的敬畏与珍重。

杨虎城当年成立的陕西防疫处，位于西安五岳庙门，过湘子庙街向西，大车家巷之南便是。这是一条安静的老街，自清代起，便有了此名。古人对于五岳非常崇拜，各地都修建有五岳庙，此处的五岳庙建于何时并无记载，只知明清时期曾经修复过。晚清时，陕西因旱灾引发饥荒，西安市政府曾在五岳庙发放善款救济民众。

那时的五岳庙，不再只是清修之地，而更多是与对生命的慈悲、救治联系在一起。杨虎城将军将陕西防疫处设立在此，是巧合，也是天意。在时光的流逝中，五岳庙已难觅踪迹，取而代之的是满街古风浓郁的店铺。漫步其间，传统书画的墨韵香气扑面而来，这里既保留着传统文化之美，也封存着民族精神之魂。

正是当年杨虎城将军与西安民众的坚韧自守、团结大爱，才战胜了瘟疫，为这座城市的历史留下了动人的一笔。时隔八十多年，当中华民族走在伟大复兴之路上时，新冠疫情在中华大地上肆虐，西安又开始了抗疫行动。

2020年，新冠疫情初袭西安，杨虎城将军的外孙、杨虎城将军社会福利会会长陈效峰先生就积极发动会员捐赠防疫物资，慰问一线医护人员。这感人的一幕幕，让人们又忆起了杨虎城将军，忆起了1932年的那次大瘟疫。

从杨虎城将军的抗疫往事中，我们看到了中国人的不屈与坚强、善良与仁爱，这是镌刻在中华民族血液中的优良基因，也是一代又一代人抗击一切磨难的精神力量之源。

如此，当我们走在五岳庙门，虽已不见五岳庙，但那些古色古香的书法与绘画，那些历经岁月淘洗的石鼓、石狮与拴马桩，那些携带着精神传承的文化遗存，会告诉你：没有庙宇，我们也终将得到更好的护佑。

苏东坡也不能免俗的偶像崇拜

公元1061年，年少成名的“学霸”苏东坡，迎来了自己的第一份工作——凤翔签判，也就是凤翔知府的助手。上任一年后，苏东坡遇到了一件忧心事：关中大旱，已数月滴雨未降。

若干旱日久，必然成灾，粮食歉收，对以食为天的普通民众来说，生命健康必将受到严重威胁。那个年代没有人工降雨，除了求助神灵，别无他法。苏东坡便用他的生花妙笔，怀着极为虔敬的心情写下一篇祈雨祝文，然后与上司宋选一起，不顾山迢水遥，前往太白山求雨。就在如今太白山上海拔三千多米的拔仙台上，苏轼等人神色凝重，在钟鼓声中虔诚祈祷，这场祈雨仪式整整持续了三天。

自古以来，关中平原就频频遭遇旱灾。《诗经》中的《云汉》一诗就记录了周朝的一次关中大旱灾：“天降丧乱，饥馑荐臻……旱既大甚，涤涤山川。旱魃为虐，如惔如焚……”那一次的旱灾整整持续了七年。而在西汉二百余年的历史中，关中就发生了三十一次大旱灾。

天意从来难测，人们只能祈望用自己的虔诚唤醒上苍的悲悯，祈雨遂成为一项庄严的仪式。不只百姓会祈雨，皇帝和朝廷官员也将祈雨视作极为重要的政事。祈求上天降雨，在祝祷神灵庇佑之外，为政者也借此内躬自省，反思自己的行为过失。

自夏商周至清代，每遇大旱，官方都会举行盛大的祈雨仪式。祈雨正式的名称叫作“雩祭”。祈雨如此重要，地点的选择自然也当慎重。在关中一带，祈雨圣地便是秦岭主峰太白山。

太白山地势高绝、苍莽神秘，古来便是人们心目中崇拜的自然偶像。传说天庭太白金星的精魂坠落此山，由此诞生了太白山神。相传唐朝有一位名叫韩皋的官员，曾取太白山中大爷、二爷、三爷之三池“龙水”祈雨得以应验，自此，取龙水祈雨便成为惯例。

苏东坡首次祈雨效果并不理想，只下了一场小雨，并不能从根本上缓解旱情。苏东坡分析原因，终于在《唐书》中找到了答案：原来唐朝时，太白山神曾被封为公爵，而到了宋朝被封为侯爵，等于是地位降低，难怪神灵生气。

秦岭主峰　太白山

苏东坡立刻上奏皇帝，恢复了太白山神的公爵爵位，不久果然天降甘霖，大雨连下三天。苏东坡和凤翔民众一起在雨中欢呼雀跃、载歌载舞。如此，苏东坡觉得还不足以表达自己的喜悦，便将凤翔官舍后园新修的小亭命名为“喜雨亭”，又专为此写下一篇千古名文《喜雨亭记》。

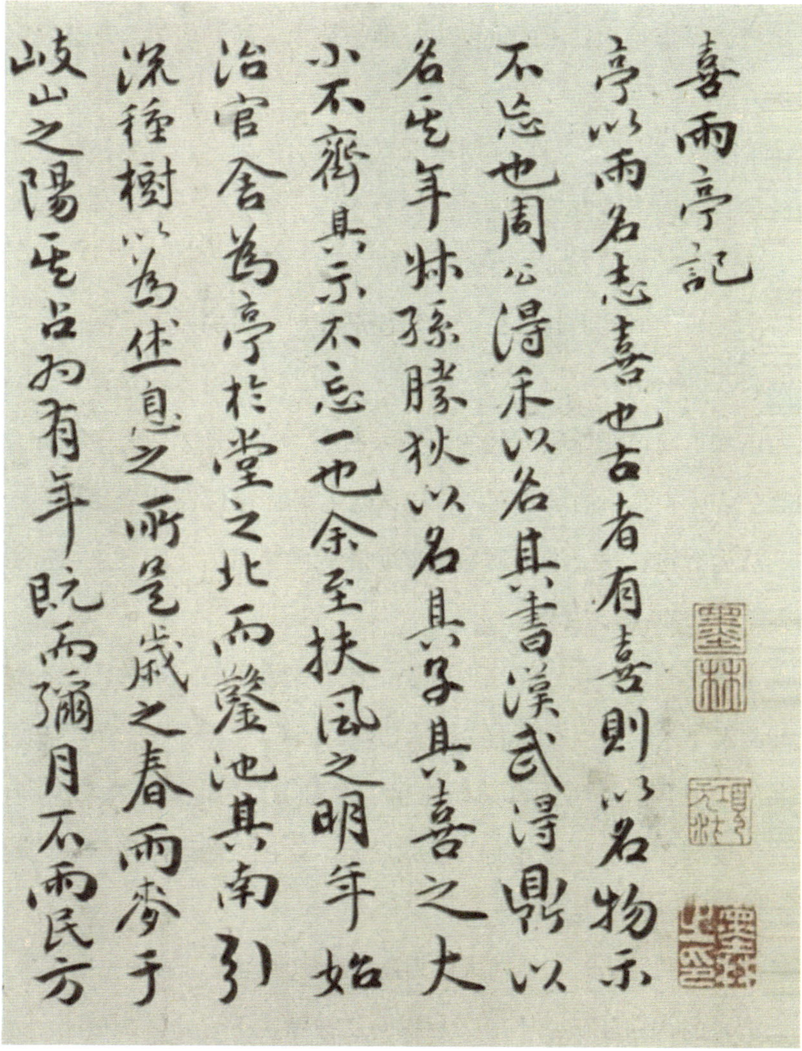

【明】祝枝山书《喜雨亭记》（局部）

苏东坡不是个轻信盲从的人，却也不能免俗地向神灵祈雨。这其实正体现了古人对于自然的敬畏。

岁月不居，时节如流，历史的风云变幻中，总少不了人们不辞劳苦前往太白山祈雨的身影。清康熙年间，三秦观察使贾铉在赴太白山祈雨之后，写下一篇《太白山祷雨记》，又画了一幅《太白全图》。《太白全图》是历代诸多描绘太白山的地图中，面积最大、时间较早、工艺精湛的一幅珍贵的古地图。

贾铉手绘的《太白全图》和所著的《太白山祷雨记》分别被刻在了一块石碑的正反面，现存于西安碑林博物馆内。作为一次祈雨的附属产品，这一图一文又丰富了国家宝藏的库存。

贾铉作为朝廷大员，赴太白山祈雨曾是轰动一时的大事，然而令太白山骄傲的不止于此。

太白山脚下有一座始于元代的清湫太白庙，这也是太白山下现存最古老的庙宇。庙中立有两块石碑，一块碑石上记载着1778年农历五月一次成功的祈雨经过，另一块石碑上则刻录着乾隆皇帝为了庆贺这次祈雨成功而御笔亲题的《谢雨诗》。

祈雨常会灵验，从现代意义上来说，或许是天象与人事的巧合，但在古代却激发了人们祈雨的热情。因太白山险峻难攀，又加之路途遥远，关中一带乃至甘肃天水等地都纷纷建起了太白庙，用以遥祭太白山神，为祈雨提供便利。西安城也建有一座太白庙，就在城墙西南角外朝南的大街上，这条路，通往太白山方向。

当年八国联军侵华时，慈禧太后为避战乱来到西安，恰逢关中大旱。看到人们祈雨的太白庙破败不堪，慈禧两次拨款，下旨重修太白庙。无论世事如何飘摇，人的生命总是最珍贵的，风调雨顺是一个国家稳固的根基。

随着旧时代结束，新中国成立，科技发展日新月异，祈雨仪式已成为一种古老的记忆，西安城中的太白庙也不复存在，只留下一个“太白路”的地名，提醒着人们去往光阴长河里打捞一些久远的往事。

只要存在过的，就不会完全消失。央视曾在五集纪录片《秦岭主峰太白山》中，用影像记录了祈雨仪式在当下的复活。太白山脚下上了年纪的人，面对遭遇旱情无法灌溉的土地，宁愿一步一步走十公里的山路，只为在山上静默地拜一拜太白山神，取一瓶山顶上常年不涸不溢的“龙水”，然后等待那个虔诚的愿望化为现实的惊喜。这不是愚昧，而是一种古老民俗的回归。

古时有一个不成文的规定：军队行至太白山下，不得击鼓吹号；人行山间，不得大声喧哗，更不能直呼风雨雷电等自然现象的名字。传说如果违反此项规定，便会遭受突然的风雨雷电侵袭。其实，这不过是古人对于山间瞬息万变天气的一种迷惑。因为不了解，所以敬且畏。现在民间还有些老人把风叫作“微微儿”，把雨叫作“洒洒子”，把雾叫作“神帐子”，把雪叫作“面洒子”……有敬畏，才能有约束、有节制，人对于万物，才会生出平等爱惜之心。

祈雨，源自祖先融于血液里的对于自然的敬畏与仰望。这份敬仰，正是生态文化最稀缺的精神内核。在生态问题日益困扰人类的今天，去探寻一个名叫太白路的地名历史，我们或许会对世界生出一份不一样的感悟。

『许士庙街』

后世粉丝对“洗耳翁”的敬意

出西安莲湖公园西门，即达一条三百多米长的小街。这条街名为许士庙街。乍听之下，不免让人好奇：许士是何人？许士庙又是一座怎样的庙宇？

好在历史总会有迹可寻。许士指的是我国古代著名的隐士——许由。传说上古时期，尧帝到了老年想寻找一位继承人，听说许由品性高洁、德行兼备，便寻到深山里来，要把帝位让给许由。许由坚决不肯接受也就罢了，待尧走后，他居然跑到溪边去洗耳朵，认为尧的那些话污染了自己。

这时候，许由的好朋友巢父正好牵牛经过。问明缘由后，巢父说：“你真不应该在这条溪里洗耳朵，把水弄脏了，我的牛怎么喝呢？”和许由一样，巢父也是一位著名的隐士。传说巢父在树上筑巢而居，所以有了这个名字，尧也曾有意让位于他，同样遭到拒绝。

因为洗耳的故事，后世称许由为“洗耳翁”。或许有人认为许由有些过于傲慢，亦有作秀的嫌疑，但庄子曾记录下当时许由与尧帝的对话，从中可以窥见许由的内心世界。

尧见到许由，第一句话便说：“先生您就像天空中的日月和干旱时降下的大雨，而我就像小小的蜡烛和水井中的水。我知道自己的不足，所以请求您出来治理天下。”许由回答道：“你将天下治理得很好，现在让我来代替你，我得到的将是一个虚名。若要名，先要有实。一个真正有德之人，名誉只是功劳的附属品，真正做出了事，自然而然得到的名才是无愧于心的。”

可见，许由的反应并非行为艺术，而是一种人格持守。他告诫世人，不要追求浮名虚利，要真正地做实事。

许由所属的隐士群体，是中国文化历史上一类特别的人群。隐士的生活，看似充满诗情画意，采菊东篱，临风听蝉，坐看云起，肆意林泉……他们避开尘俗扰攘，自由自在，尽情体验着生命的本真情味。这正是无数人向往的生活。然而，进入现实深处，隐士生活的另一面，更多的是孤寂、清贫、困苦、无奈与无可言说的愤懑与辛酸。许由的生活状况没有记录，无从得知，但从东晋诗人陶渊明的文字中，可推想一二。

陶渊明的诗歌，记录了他的生活图景。他不愿为五斗米折腰，辞官隐居，成为彻底的隐士。为了生存，他变身纯粹的农夫，在土地上耕种，当生活陷入困境时，不但无琴无酒，连吃饭都成了问题，有时甚至到了不得不上别人家乞讨食物的地步。生活如此艰难，但陶渊明甘愿忍受这一切，只因为他更在意的是自己精神上的独立与自由。

继许由与陶渊明之后，越来越多的人加入隐逸之士的行列中，竹林七贤、严子陵、林和靖……明弘治十年（1497年），朝廷中一位官员因无法忍受官场黑暗，不愿与他人同流合污，便愤而辞官，回到祖居之地西安，在如今许士庙街北段修建了一座许隐士庙，以表明自己的心志，向偶像许由表达敬意。

许由的粉丝不只有这位建庙的官员，当时关中学派的许多成员，都因不满腐败的社会现实而辞官隐居，也常前来许士庙祭拜许由。许士庙因此香火颇为旺盛。庙宇中的香火，似乎是一种隐喻，意味着与中华文明史几乎同源的隐逸传统的代代承袭。

从传说中的许由、巢父开始，史上有迹可考的隐士多达数千人，隐士也有了多种别号，例如逸士、高士、高人、幽人、处士等。北宋以梅花为妻、以仙鹤为子的著名隐士林和靖，甚至得到了皇帝御赐的名号。

隐士之高风，连一国之君也忍不住追慕。北宋林和靖之前，东汉严子陵早已得了此种待遇。刘秀当上皇帝后，请故交好友严子陵出山做官，严子陵不肯，刘秀只好亲自来说服。刘秀到了严子陵家，见严子陵在睡觉，就去卧房摸着严的肚皮问他可否入朝做事，严子陵假装睡着，良久

【宋】马远《林和靖月下赏梅图》

之后才睁开眼睛慢悠悠地说："当年尧帝礼让天下，许由洗耳，我有自己的志向，就不要再强迫了吧。"这样的隐士，是真隐，不同于世上一些沽名钓誉之徒，假借隐居博取关注，以实现当官发财的梦想。

隐士也曾遭到诟病，有人认为他们是自私自利，只为保全自己而逃避现实责任，但天地之大，应该允许人有多种活法。表面看来，隐士似乎少为作为，但他们却以另一种方式在自我实现和自我完成，并且惠及世界。

隐士不参与政事，但他们的诗词文赋，他们所倡导的淡泊名利、修身养性的生活美学与生活方式，他们的光明磊落、襟怀坦荡，他们的种种思想主张，逐渐形成了中国独有的隐逸文化，成为中华传统文化中一道特别的风景线。

也因此，中华传统文化在博大精深之外，更显示出了丰富包容与脉脉温情。隐逸文化不以积极用世对人进行道德绑架，而是关注人性的正常需要，体贴人的内心，让人能够自由舒展地活着，这是一种极为珍贵的质素。

况且，隐士并非都是只顾自己风花雪月之人，他们中的很多人，都是困于黑暗的社会而无法作为，最后被迫归隐，比如那位建造许士庙的官员。我们无从得知他的姓名，许士庙如今也不复存在，幸好还有许士庙街这个古老的地名，过往的一切才不会被时光完全抹去，我们也因此才能在漫步市井街头时，将那些散落在历史缝隙里的传统文化的珍宝一一拾取，细细体味。

「北火巷」

当诗仙遇上八仙

最明亮时总是最迷惘，最繁华时也是最悲凉。长安对于李白来说，就是明亮与迷惘、繁华与悲凉交织的所在。

公元730年，三十岁的李白终于来到了向往已久的长安。三年前，他在安陆做了许员外家的上门女婿，在当地求官却屡屡碰壁，无奈只得到长安来寻找出路。

从春明门进入长安城，一路向西，李白看到了兴庆宫宫墙内临街耸立的勤政务本楼、高冷的东市、传说中透着暧昧气息的平康坊、气势恢宏的皇城正南门朱雀门、世界上最宽阔的街道朱雀大街、留存着隋朝记忆的太极宫承天门……

奔波求官的间隙，正好可以好好游览当时这个世界上最繁华的城市。后来的日子里，李白去了接地气又具有国际范儿的西市，看见了世间绝无仅有的大明宫，还去了长安外郭城的西门金光门、正南门明德门，当然，城东南的青龙寺、乐游原、慈恩寺和曲江池也绝对不能错过。初入长安的李白，被这座城市深深吸引，更坚定了他要在此求得仕进的决心。

走进朝堂，治国平天下、救世济苍生，是李白年少时就立下的志愿。

他自比为庄子笔下的大鹏鸟，一直在等风来，好扶摇直上，用有若垂天之云的辽阔羽翼，去搏击九万里长空。然而，要实现梦想却如此艰难。李白遍访卿相，渴求举荐，却一再失望。初入长安，除了领略到长安的宏大与繁华，他一无所获。

十二年之后，李白再入长安。这一次，他迎来了人生的高光时刻——受到唐玄宗赏识，被封为翰林供奉。李白成了皇帝跟前的红人，受到王公贵族的热烈追捧。起初，他深感骄傲与欣喜，以为假以时日，皇帝一定会让他参与政事。但慢慢地，他发现这样的荣耀并非自己想要。他的理想是做一名出色的政治家，而不是诗人，更不是御用文人。忧愁与郁闷，与初入长安时一样深浓。

痛苦无法解脱，他便借酒消愁。长安城喝酒的好去处很多，大明宫之南、如今八仙庵（也称“万寿八仙宫”）所在地酒肆业非常有名，人称“长安酒肆”，李白常去光顾。

中国是世界上最早酿酒的国家之一。传说上古时期，神农氏无意间发现浸泡过谷物种子的雨水喝起来非常香醇，从而发明了“神农酒”，开启了人类酿酒的历史。而在另外的传说中，最早的酿酒术是仪狄和杜康的发明。

仪狄是负责大禹膳食的女官。有一次，她在山里看到一只猴子贪婪地吃着很多熟得烂透的桃子，便也跟着吃了起来。桃子的汁液非常充盈，闻起来有一种特殊的香味，这正是发酵的结果。仪狄受此启发，经过不断实验，最后发明了酿酒术。

杜康曾帮大禹治水，后来成为负责管理粮食的官员。一次因手下失误，一座粮库里的粮食发了霉，大禹将杜康撤职。杜康带着一包霉粮回到家，邻居老人闻到霉粮散发出的气味，惊奇地说："这怎么跟我喝的神水味道一样?"原来，老人此前在山里砍柴时，口渴难耐，发现一池浸泡着野果的泉水，就不顾一切地喝了几大口。喝完后顿觉唇齿生香，精神也为之一振。杜康从老人的话中得到灵感，用泉水浸泡粮食，杜康酿酒的历史从此开始。

上古时期的酒，是未经过滤的半流质，说喝酒不如说是吃酒。夏朝人制造了很多陶制酒器，当时甚至还出现了精致的铜制酒器——"爵"，这说明当时酿酒术已经得到很大发展。而到了商朝，酒已成为一种非常普遍的饮品，酿酒术也比较成熟，开始用酒曲制酒，酒器也更加精美丰富，出现了"樽"这一后世广泛应用的酒器。另外，酒在祭祀中也开始大量出现。这些都说明，酒已开始具有了文明的意味，中国的酒文化从此萌芽。

讲究礼制的西周人，在古老的传统上形成了酒道礼仪，而到了秦汉时期，随着酿酒业进一步发达，酒不再只是体现礼教、取悦神灵、祭祀祖先的载体，更是人们之间维系感情的重要纽带。这正是中国酒文化的精神内核，酒文化至此已发展成熟。

魏晋乱世，酒禁大开，民间私人可以酿酒，饮酒之风盛行，文人名士在敞谈玄理之外，醉心饮酒，借此消解苦闷、释放精神压力。竹林七贤成员阮籍、嵇康、刘伶等人更是酒的狂热迷醉者，魏晋名士风度在很大程度上是酒所成就的。饮酒行为中的文化意味越来越浓，由此开启了唐宋文人的诗酒流芳。

傅抱石　《竹林七贤》

李白生活的唐代，酒成为文人墨客的密友，酒催生了诗，诗升华了酒，李白因嗜好诗酒获封“诗仙”“酒仙”之称。杜甫将李白、贺知章等人在长安城中诗酒雅聚的情形写进《饮中八仙歌》一诗中。在这首神作中，杜甫对占据“饮中八仙”C位的李白的描述尤为传神：“李白斗酒诗百篇，长安市上酒家眠。天子呼来不上船，自称臣是酒中仙。”

李白之后的中晚唐时期，长安酒肆又来了一位大人物。传说道教主流教派全真教祖师吕洞宾，当年科考屡战屡败，心情郁闷来到此处喝酒时遇到了钟离权（民间称汉钟离），受其点化后潜心修道，最后飞升成仙，后来人们就在此处修建宫观以作纪念。再后来，随着人们所熟知的

“八仙过海”中的群仙形象成型，这座宫观就叫作“万寿八仙宫”，也就是如今八仙庵的前身。

走进西安东关的一条小巷——北火巷，便能看见八仙庵。历经岁月波折，八仙庵仍是西安现存保护最为完好的一座古代道观。庵前有一块“长安酒肆”石碑，旁刻“吕纯阳先生遇汉钟离先生成道处”。

诗仙李白穿越时空在此与八仙相遇，这也是中国酒文化与道教文化的奇妙遇合。茶有茶文化，酒有酒文化，中国人的生活日常就是传统美学，其中蕴含着自然而然的文化因子。中国传统文化就是具有这样强大的吐纳之力，行走在西安城中的寻常巷陌，或转角或迎面，历史不经意间总会给你无限可能的惊喜。

八仙庵　不二臣 / 摄

『卧龙巷』

唐玄宗的人生B面

西安兴庆宫公园西门外，有一条特别的小巷——卧龙巷。与西安城常见的笔直小巷不同，卧龙巷宽窄不一、“一坡四折”，外形颇似游龙，巷内的千年古槐枝干盘虬如龙，但这都不是此巷得名的真正原因。

人中之龙，是指具有大才能的人，当年尚未散射光华的诸葛亮，人称“卧龙先生”。在古代，龙是天子的代称，卧龙也可指即将登上皇位之人。如今卧龙巷所在之处，正是唐玄宗李隆基早年居所。

唐初，这里本为普通百姓居住区，到了武则天大足元年（701年），时为临淄郡王的少年李隆基与他的四位兄弟来到长安，被赐宅居住在隆庆坊一带，这就是历史上有名的“五王子宅”。

王子宅邸虽富丽显赫，李隆基的人生却充满忧患。当时，唐高宗李治离世，武则天杀掉身为太子的二儿子李贤、废黜了三儿子李显，最后让四儿子李旦做了皇帝，后来又废掉李旦，干脆自己登基做了女皇。

身为李旦第三子的李隆基，自小目睹父亲活得如履薄冰，一路站在大唐盛世的幕后，见证着皇权斗争的惨烈——三岁到七岁，他是皇帝的儿子，是楚王；八岁时，父亲不再是皇帝，他被降级为临淄郡王，和家人过了整整五年的幽禁生活。

早岁已知世事艰，这样的经历，使得李隆基有着超出同龄人的深沉心思。在五年的幽禁中，母亲窦德妃被秘密处死，外祖父一家被贬岭南，没有人敢来看望他们，陪伴在李隆基身边的，只有父亲和兄弟们，与世隔绝的孤独如海般深重。为了消磨难挨的光阴，李旦展现出了才子父亲的影响力。他本就擅长书法，也会写诗，因此将李隆基也培养得能诗善书。

虽遭幽禁，毕竟是皇族，他们还拥有调度乐工的权力。彼时彼地，乐工的吹拉弹唱不再是闲情逸致的消遣，更像是一种对忧患父子饱经摧残的身心施行的艺术疗愈。因为和乐工朝夕相处，李隆基的音乐天赋被进一步地激发并迅速发展起来。先天禀赋加上后天经历，使得李隆基成长为一个爱好广泛、富有生活情趣之人。

神龙元年（705年），李显与宰相张柬之等人发动政变，迫使武则天退位。政变成功，李显成了唐中宗，二十岁的李隆基被封为卫尉少卿，虽是四品，但是个闲职，三年之后，李隆基被贬至山西任潞州别驾，只因皇室没有真正的亲情，中宗要削弱李旦一家的势力。

在逆境中，李隆基并不沮丧，他结交各路英雄，默默积攒着能量。唐中宗暴毙之后，朝廷大乱。韦皇后想效仿武则天做女皇，却不料一直不为人注意的李隆基，联合姑姑太平公主发动“唐隆政变”，彻底粉碎了韦后的阴谋。随着韦后被诛杀，李旦登上皇位，李隆基成为太子，后又经过艰难的宫廷斗争，李隆基最终坐上皇位。这条潜卧多年的龙，从深渊中一飞冲天，成为大唐在位时间最久的一位皇帝。

为避皇帝名讳，隆庆坊改名为兴庆坊，开元二年（714年），李隆基在兴庆坊建了兴庆宫，又在长安和洛阳各设两座音乐教坊，教习日常宴饮娱乐的歌舞和散乐。年轻的君王在开始缔造开元盛世之暇，没有忘记他的音乐梦想。

上古时期，人们利用自然界所得材料，模仿自然之声，以期与天地神灵沟通，最原始的音乐由此诞生。礼制国家建立后，在祭祀、国家大典时演奏的音乐，称为大雅之音，历朝历代都有宫廷雅乐，唐代自然也不例外。

李隆基凭着他的音乐天赋和对音乐的热爱，对宫廷音乐进行了大胆的改革。比如，他将《十部乐》分为坐部伎和立部伎两个部分，坐部伎人数少，在室内坐着演奏或歌唱，立部伎人数多，在室外站着表演。他还在乐舞中让真实的大象上场表演，而且大象的动作居然能和音乐鼓点合上节拍。

唐代坐部伎俑

在对宫廷音乐进行改革以后，李隆基创立了一个高等级的音乐专门研究机构，主要研究和演奏法曲，这个机构的教习排练场地在长安西北禁苑中的梨园。李隆基亲自担任教官，他对音乐的感知力超乎常人，那么多人一起练习，只要有人出错，他立刻就能听出，并严厉纠正。这些受过李隆基亲自教习的人，都被称为“皇帝梨园弟子”。

梨园所创法曲中，最闻名的莫过于《霓裳羽衣曲》。一次，李隆基在洛阳游览三乡驿，远望女几山时，突然产生了神游月宫、聆听仙乐的幻觉，便用道调创作了《霓裳羽衣曲》。高妙的乐曲，配上杨贵妃翩翩如仙的舞姿，的确是艺术的绝美享受。

只可惜一年之后，“渔阳鼙鼓动地来，惊破霓裳羽衣曲”，安史之乱爆发，李隆基仓皇逃往四川，杨贵妃香消玉殒，三百梨园乐工被遣散流落民间，梨园如昙花一现，经过短暂华美的绽放，便永久地消逝在历史长河之中。

不论是李隆基还是唐王朝，都躲不过生命的终结，但音乐艺术的生命却没有终结。唐代音乐随着开元盛世达到顶峰，又随着安史之乱走向低谷，但人们却在这个过程中意识到，音乐是天籁的重现，要为每一个平凡真实的生命而奏响，这样的音乐即便历尽人世离乱，仍会保持旺盛的生长力。

梨园乐工流落民间，正是让音乐的种子落入丰沃的泥土之中，乐曲和乐器在民间广泛传播，古代音乐的艺术生命借此得以延续。在漫长的岁月中，“梨园”渐渐成了戏曲艺术特别是京剧艺术的别称，李隆基这位宫廷音乐的改革者和实验艺术的创造者，则成为梨园祖师。

李隆基人生的一面，前半生是明主，后半生是昏君，但在人生的另一面，他是一个世界级的作曲家、指挥家、导演，一个音乐“发烧友”，一个狂热的艺术爱好者，亦是一个有血有肉的、活生生的人。

李隆基年少时在隆庆坊的旧居，后来成了兴庆宫的一部分，再后来到了明代，形成了一个叫作卧龙的小巷。大唐的繁华与没落，李隆基的悲与欢，一切都不复存在，只有这个名叫“卧龙”的巷名，记录着一个古代帝王艺术家的生命历程，也为我们了解古代音乐与戏曲艺术，打开了一扇小小的窗口。

『索罗巷』

从唐朝空运来的异香之树

在西安市东关，离兴庆公园不远有一条索罗巷，巷名颇具异域气息却也难解。何为“索罗”？此地又发生过怎样的故事？这一切，还要从遥远的唐朝说起。

开元二年（714年）七月二十七日，年轻的新皇帝李隆基收到了一封奏章。他的大哥宋王李成器、二哥申王李成义、四弟卫王李范、五弟薛王李业，四人联名上奏，请求将他们以前与李隆基共同居住的、位于兴庆坊的“五王子宅”献出，为皇帝建造一座新的宫殿。兄弟们的这份情谊当然让李隆基很开心，他愉快准奏，兴庆宫很快建成。

这座宫殿建筑群占地面积约两千多亩，比如今北京故宫的面积还要大。名为兴庆宫，但宫里绝不只有宫廷建筑，实质上是一座囊括了皇家宫殿的中国古典园林。这里亭台高耸、楼阁巍然、假山玲珑、水波潋滟，各种名贵花木点缀其间，所有的景观元素错落得当、配合精妙，将建筑之美与自然之美融合得恰到好处，体现了大唐盛世的繁荣，也透露出唐玄宗李隆基不俗的审美。

西安市兴庆宫公园

西安市兴庆宫公园于1958年在唐兴庆宫遗址上修建，位于西安市东门外咸宁西路北，原长安城内的兴庆坊。兴庆宫公园占地面积780亩，其中湖面150亩

自古帝王都重视宫殿园林的建造。早在春秋战国时期，吴王夫差就建造了梧桐园和会景园，园内池沼清灵、亭桥相间，种植有许多花木，尤以茶花和海棠为多。花草树木以其独具的形色，为帝王花园增益美丽。夫差所种的茶花和海棠较为常见，这样的花木大概入不了喜欢大手笔的汉武帝的法眼。据记载，当年上林苑种植有两千余种奇花异树，遥想如此庞大的花木群一年四季争奇斗艳，一定颇为壮观。

魏晋南北朝时期，社会黑暗动荡，人们普遍向往自然、寄情山水，园林也倾向于自然山水风格。就连西晋著名的土豪石崇，在自己的金谷园中也尽植当时的名贵花木，如芳梨、沙棠、乌稗、石榴等。

到了唐代，园林开始如绘画般具有了写意的性质，种植的花木不但要与周围的环境浑然天成，还要表现出园林主人的审美取向和思想倾向。梅兰竹菊、玉兰、桂花等是文人园林的标配，唐玄宗身为皇帝，兴庆宫内的花木自然要有所不同，沉香亭畔雍容华贵的牡丹，一如大唐的盛世繁华，也似杨贵妃的如花笑靥。

其实，中国古典园林受中国博大精深的传统文化及悠久历史的影响，不只给人们纯粹的感官享受，还以综合多元的艺术性与包罗万象的丰富性，给予人们精神上的抚慰与启悟，比如兴庆宫中的自然草木与佛教文化元素的结合体——娑罗树。

彼时正是佛教盛行之时，相传李隆基听说有一种从印度远道而来的奇异之树，名为娑罗，便专门在兴庆宫内建了一个园子，遍植娑罗，名为娑罗园。《酉阳杂俎》记载，巴陵一座寺庙中的一位僧人，有天突然发现床下长出一棵树，就用刀去砍，结果那树边砍边长，永远不死。有一位外国僧人看到后说："这是娑罗树。"后来，这棵树上开出了白莲一样的花。唐天宝年间，安西向大唐进贡的贡品中，有二百根娑罗树枝。

唐朝著名书法家李邕曾经写有一块《娑罗树碑记》，上面说娑罗树虽不适合在中国生长，但非常神奇：一棵树占地十亩，树荫可供上千人乘凉，凶恶的禽鸟只能在树顶上空飞翔却无法栖落，善良的益鸟可以在树上栖落却不能筑巢。如果树的东面枯萎，那么预示着东方会有灾难，如果树的西面茂盛，预示西方会有福报。

在出家人眼里，娑罗树与菩提树一样，是佛门圣树。相传佛祖释迦牟尼在一棵娑罗树下造了一间小房子，从此踏上了刻苦自修之路。他常常坐在娑罗树下，逐渐感受到平和、喜悦和自在。在生命的最后一天，释迦牟尼在日暮时分，头向北躺在两株娑罗树之间，看着娑罗树上飘落的花瓣，听着娑罗树叶在风中的声响，静静地离开了这个世界。

这些虽然都是传说，但娑罗树却是真实存在的。它是一种热带植物，主要分布在印度、缅甸、新加坡、马来西亚等南亚和东南亚国家。随着佛教的传入和中外文化的交流，娑罗树也来到了中国，并且受到了李隆基的喜爱。

娑罗树的树干可以割采名贵的龙脑香，那是一种十分奇异的香料，虔诚的佛教徒常用龙脑香油点佛灯，梵唱之音随香气在空中弥散，此情此景能令人沉醉忘我。娑罗树在当年的兴庆宫内蔚然成林，高大的树冠相连如绿云，白色的花朵成簇成串，如宝塔，如烛台，花色轻盈迷离，那种梦幻神秘，让富丽的皇家园林飘然入定，拥有一丝禅寂之美。

开花的娑罗树

随着唐王朝在历史舞台上谢幕，兴庆宫亦化为乌有，李隆基所建的娑罗园也湮灭在时空之中，但往昔的记忆却一代代传承下来，“娑罗”的读音变成了“索罗”，娑罗园所在之地也就变成了索罗巷。

走进一个个小小地名的前世，便如同穿越时空回到古代。漫步在索罗巷，回味着那些久远的故事与传说，探寻着西安这座城市的生命脉络，仿若走进了那座唐代的皇家古典园林，迎面邂逅一株从唐朝空运到现代的佛门圣树——娑罗树，幽幽异香中，品味草木与园林建筑融合之美，恍惚中听见余光中在吟诗：

释迦在此
释迦不在此
释迦恒躲在碑的反面
佛在唐
佛在敦煌
喏，佛就坐在那娑罗树下……

『菊花园』

青衣舞菊坛

张艺谋曾导演过一部经典电影《满城尽带黄金甲》，影片最后满屏血染的菊花让人印象深刻。电影名字也出自一首咏菊诗——黄巢的《不第后赋菊》：

待到秋来九月八，我花开后百花杀。

冲天香阵透长安，满城尽带黄金甲。

彼时，唐末乱世，盐商家庭出身的黄巢最后一次科举考试落榜，郁闷悲愤之下，他自比为来日绽放在长安城的菊花。在他的笔下，菊花的香已成“阵”，菊花的色是“黄金甲”，隐隐的杀伐之气，是他日后起义杀进长安的预言。

黄巢的菊花开在他的雄心壮志里，是一种意象的美。现实中的长安城，确也开过一片“满城尽带黄金甲”的菊花。清末时，邻近钟楼，如今东大街菊花园街道的北段有一座菊林寺，寺内及周边遍植菊花，每逢秋日一片灿然，每年重阳节的菊花展更是盛况空前，引得游人四方来观。

四大名旦合影

随着时间流逝，菊林寺不复存在，菊林寺的旧址上建起了一座菊林小学，后改为菊林中学、西安市第二十一中学，改革开放后改为西安市旅游职业中等专业学校（现该校已迁址）。菊林寺所在的街道被称为菊花园，后与参府巷合并，仍称菊花园。

小小的菊花园街道，却住过许多大人物，其中有一位是尚小云。尚小云先生是京剧表演艺术家，与梅兰芳、程砚秋、荀慧生并称“四大名旦”。

尚小云原名尚德泉，1900年生于北京，五岁时父亲去世，家境贫困，他和弟弟一起进入“三乐社”戏班学艺，有了尚小云这个艺名。三乐社的创办人是李际良，慈禧太后跟前红人李莲英的继子。这样的社名气大，但不好进也不好出。母亲写下一封生死“关书”（等同于卖身契），尚小云在其中过了七年炼狱般的科班生活，终于学有所成。

起初学艺时，尚小云习的是武生、花脸，后来改习旦角，他似乎在这方面特别有天赋，渐渐声名鹊起，十五岁时被评选为“第一童伶”，与赵桐珊、荀慧生并称“正乐三杰”（后三乐社改名为正乐社），十八岁时赴上海接连演出近五个月，被誉为“童伶大王”。

年少成名，尚小云并未就此停下向上追寻的脚步。他仍找寻一切机会遍访名师，不断提升自己的表演技艺。十九岁，他有幸与一代京剧宗师杨小楼合作，不久又与梅兰芳、程砚秋、荀慧生等人合作。与优秀的人同台，让尚小云的眼界进一步扩大，他深知艺术的高峰学无止境，唯有继续向上攀爬。

末代皇帝溥仪大婚时，尚小云第一次进入皇宫演戏，几天之后又受邀进宫，为老太妃进行庆生演出。这一年，尚小云二十三岁。1924年，北京梨园公会成立，二十五岁的尚小云与杨小楼、梅兰芳、余叔岩等人共同主持公会。此后，尚小云的演艺生涯与日益繁荣的京剧艺术同步，一路走高。他依托扎实的基本功，以刚强坚韧的个性，不断探索着京剧艺术的可能边界。他勇敢地打破了梨园一些旧有传统，使京剧开始从更广阔的层面关注女性的生存价值，大大增加了旦角这一行当的表现力，开创了刚柔并济、激越与温婉并重的独特的尚派艺术。这一切，源自他对旦角人物深层的理解，源自他内心深处的人性关怀。

时光在舞台上的唱念做打间缓缓流过，尚小云渐成名满天下的京剧界“顶流”。倾尽家财创办的荣春社关闭之后，他又创办了尚小云剧团。

1951年12月和1957年7月，尚小云两次赴西安演出。第一次踏上西安的土地，他产生了莫名的亲切感。西安与北京一样古老、厚重，有着相似的气息，西安城和西安人在他心里留下了鲜明的印象。就在第二次演出时，尚小云在西安结识了名医高智怡，两人遂成莫逆之交。

尚小云与西安的缘分才刚刚开始。1958年，尚小云为了支持陕西的文化建设与京剧艺术发展，举家迁到西安，担任陕西省京剧院首任院长、陕西省戏曲艺术学校艺术总指导。尚小云一家的住所，就在如今的菊花园。

秦腔名旦马蓝鱼拜尚小云先生为师，尚先生手把手帮她排演《昭君出塞》，并把自己用的一把宝剑和一副行头送给了她

尚小云的学生周百穗回忆起菊花园尚老师的家，印象最深的不是豪华，而是精美和雅致。客厅正壁上悬挂着一张张剧照，那是尚小云一生从艺的见证；剧照用雕花镜框镶嵌，与家里的红木雕花家具及古董架上的玉雕、石雕、木雕一起，显示着主人不凡的品位与素养。

演戏之外，尚小云还喜欢书画和古董。令人感动的是，他竟将收藏了大半生、在创办荣春社时都不舍得卖掉的六十多件名人字画和玉器，全部无偿捐献给了陕西省博物馆（今西安碑林博物馆）。了解尚小云的人对此都不意外，因为他始终淡泊名利，视金钱如泥沙。

晚年尚小云病重之时，他坚持要回西安。自感不久于人世之时，尚小云留下遗嘱："西安是我的第二故乡，我对古都西安和三秦人民都很有感情。我愿在西安升天，不愿在北京病故。这也算是生为西安人，死为西安鬼。"1976年4月19日，德艺双馨的艺术大师在西安病逝。

尚小云生前嘱咐家人丧事一切从简，嘱咐子孙后代要做到"爱党之心不动摇、爱国之心不动摇、爱民之心不动摇"。他说："凡吾学生，只要做到艺德高尚、服务人民、技艺出色，我在九泉之下，也很放心……"

斯人已逝，只余菊花园。冥冥中似有天意，尚小云的生命与菊花总有千丝万缕的联系。

南宋高宗时期，皇家音乐机构中有一个分支叫仙韶院，院中有位菊花夫人善歌舞、通音律，为仙韶院头部，人称菊部，后来菊部、菊坛就慢慢成了戏曲艺术的雅称。

尚小云一生吟啸菊坛，他精湛的技艺、坚韧的心灵、高洁的品性也正如菊花一般，历经岁月风霜而愈加光彩照人。尚小云一生最为人称道的角色是青衣，人称“青衣正宗”。青衣舞菊坛，这是菊花园的往昔，也是一位老艺术家的最美背影。走进菊花园，走进尚小云的精神世界，可以看见国粹京剧艺术在陕西尤其是西安的发展源流。

令人欣慰的是，尚小云先生后继有人，他最小的儿子尚长荣，幼年时随父亲来到西安住在菊花园，后来又在这里收获了甜美的爱情和幸福的婚姻，最后成为京剧艺术的薪火传人，为首批国家级非物质文化遗产京剧项目代表性传承人、中国戏剧界首位梅花奖得主。

如同开在黄巢诗中的菊花，京剧艺术之花在中国大地上也将永远灿然绽放，永不凋谢。

『建章路』

从曹操的隐秘心事到汉武帝的“高科技”

历史上的曹操，是一代枭雄，是伟大的军事家、政治家、文学家。这样一位大人物，却并不骄奢淫逸，反而以节俭著称。但就在汉末乱世，曹操起义攻下邺城之后，却劳民伤财地建起了豪华的铜雀台，这是为何呢？

对此，唐代诗人杜牧用诗句作了这样的回答：“东风不与周郎便，铜雀春深锁二乔。”照他的看法，曹操建铜雀台纯是为了享乐，事实果真如此吗？

据史料记载，当时人们对曹操的评价是“雅性节俭，不好华丽，后宫衣不锦绣，侍御履不二采”，生活不要说奢华，简直可称相当朴素。他不但不允许自己的妻妾穿锦绣衣服，对儿媳们也严格要求。曹植的妻子就是因为没有遵守规矩穿了锦绣衣服，引得曹操大发雷霆，最后被赐死。在征战中得到的奢侈品，曹操从不据为己有，而是全部赐给功臣。

这样的曹操大费周章建铜雀台仅供自娱的可能性极小。还有人推测，说曹操建铜雀台是为了方便打仗，这有一定道理，却不尽然。曹操的真正用意，或许可以从他的两个儿子的文字中找到答案。

公元210年，铜雀台开始修建，两年后建成。作为文学史上著名的“三曹”，曹操父子三人均文采了得，他们一家撑起了诗歌史上的“建安风骨”。父亲修建了华美高台，做儿子的最有品的贺礼，当然是写诗作赋。于是，曹植献上一篇《登台赋》。在摹写铜雀台的壮观之外，曹植在文中还表达了这样的意思：父亲辅佐汉室，无量功勋与天地同宏大、与日月齐光辉。

相比曹植的恣肆飞扬，曹丕为铜雀台所作的诗则显得较为平实：“长安城西双圆阙，上有一双铜雀，一鸣五谷生，再鸣五谷熟……”诗中的双圆阙，指的是西汉长安建章宫宫门旁的两座塔楼，塔楼顶上有一双“铜雀”，也就是铜铸的凤凰。古时称塔楼为阙，这两座塔楼就被称为双凤阙。以凤凰装饰屋顶，是皇家建筑才有的做法。

结合曹植与曹丕的诗赋，曹操的心事便不再隐秘难解。铜雀台修建之前，曹操当上了丞相，到达了权力巅峰，但他并不满足，他想要的是整个天下。花费两年时间修建了铜雀台之后，他又修建了金虎台和冰井台，后人称之为“邺三台”。按照惯例，修筑高台是统治者的特权，一般天子有三台，诸侯即便要修，最多也只能修两座。曹操修筑三台，等于是一种无声宣告。况且，有传言说建章宫双凤阙遗存的鎏金铜雀被曹操放在了铜雀台上。如此一来，曹操的政治意图更是不言自明。

曹操大概不会想到，建章宫双凤阙上装饰的鎏金铜雀，不只象征皇权，还隐含着汉武帝时期的“高科技”。南北朝诗人庾信在《凤阙铜雀》一诗中写道：

铜雀何辛劳，转翅到今朝。
历尽参与商，风雨益飘摇。

铜雀转翅，并非诗人的浪漫想象，而是真实的历史。据史籍记载，建章宫的双凤阙当年是西汉长安城的标志性建筑，其上的铜雀不只是装饰，还相当于天气预报传感器。随着风向的不同，铜雀能够向相应的方向转动翅膀，还能根据风力的大小，发出高低不一的鸣叫声。人们凭借铜雀的转翅方向和鸣叫声，便能够测知风向和风力，再结合云雾、时令等情况，判断天气状况，为农耕提供科学依据。

西汉灭亡之后，东汉迁都洛阳，著名天文学家张衡曾专程赴长安参观双凤阙，不但将其写进《西京赋》中，还萌生了在洛阳建铜雀台的想法。为双凤阙“高科技”点赞的还有唐代诗人王维，他曾在一首诗中写道：

云里帝城双凤阙，雨中春树万人家。
为乘阳气行时令，不是宸游玩物华。

只可惜，双凤阙随着西汉的灭亡，在战火中与建章宫一道被毁，只留下建章宫东门外的双凤阙遗迹。如今在西安西郊建章路南，可以看到两个很大的土墩，这就是残存的双凤阙夯土台。古代建筑工匠用古老的夯土技术，历经上百成千次的锤打，最后将稀松的黄土变得千年不坏，从而为双凤阙和建章宫曾经的存在保存了物证，也为我们了解古代建筑文化打开了一扇窗。

建章宫双凤阙遗址

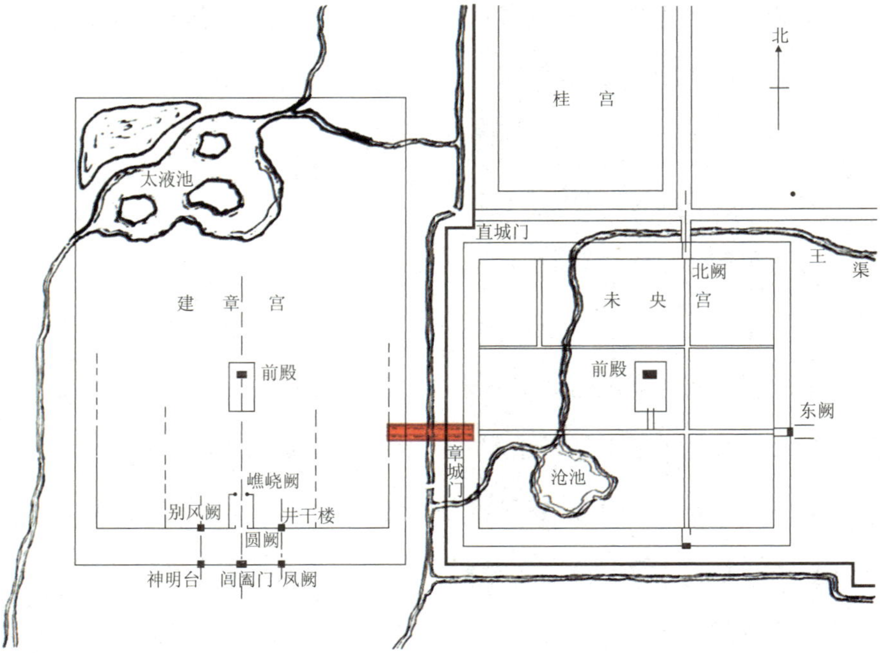

建章宫与未央宫示意图（《中国古典园林史》）

古代建筑艺术发展到汉代，不仅技术高超、营造巧妙，而且具有了浓郁的民族风和中国味。汉代所有建筑的精华几乎都集中在长安城。西汉建立后，刘邦在汉长安城东南角秦代离宫的基础上修建了长乐宫，后来又在汉长安城的西南角修建了未央宫，这两座宫殿加起来大概相当于十几个如今的北京故宫。等到雄才大略的汉武帝上位之后，又在未央宫以西建起了比长乐、未央两宫还要辉煌宏大的、有“千门万户”之称的建章宫。

建章宫有飞阁、复道和辇道直通未央宫。飞阁、复道相当于现代架空建筑的天桥和立交桥。其实早在秦始皇时，阿房宫就建有通向骊山的架空道桥，人行桥上，车行桥下，堪称中国最早的立交桥。

建章宫南部为宫殿区，北部为园林区。宫殿区宫室殿堂与亭台楼阁如繁星般密集分布，建筑群多达几十处，除了汉武帝处理政务、举行典礼的一些主要正殿，还有花木清茂的枍诣殿、“梁木高至天”的天梁宫、陈列四海珍宝的奇宝殿、“叠而百层”如现代高楼大厦一般的井干楼、制礼作乐的鼓簧宫、常住巫师和道士的九室、专养动物的虎圈……

如果能够穿越到汉代，走近这些宫殿，我们可以看见房屋建筑在高高的台基之上，一如大汉天子君临天下的霸气。屋顶的瓦当上刻有各种各样的纹饰，比如鸟纹、动物纹、云纹、火焰纹、文字纹等。廊柱清一色的丹红，斗拱、梁架、天顶上施满彩绘，墙上有大幅壁画，地面青砖也都雕着花纹。

在宫殿区，建筑最鲜明的性格是气势夺人，而到了园林区，绕过太液池，穿行在波光映照的水榭之间，你会有一种惊心动魄之感。比如有的水榭，整个建筑的重量仅靠一个不太粗壮的弯曲的柱体来支撑，这样雄奇惊险的建筑结构，是古代建筑家们巧妙运用物理力学的经典案例。

和所有的中国古代建筑一样，建章宫所用的木结构，使得这些华丽宫室难耐岁月侵袭，时至今日，建章宫遗留下来的，除了双凤阙，只剩前殿、太液池、神明台等几处遗址。“建章”这个名字也差一点消失在历史云烟之中，幸而还有建章路这个地名，能够令现代人顺此向岁月深处漫溯，去领略汉长安城与古代建筑文化的精妙与神奇。

雨果说：“建筑是木石写就的史书。”我国的古代建筑，具象承载着中华民族的历史与文化。汉长安城的建筑就是古城西安底蕴的最美注脚。

走在建章路上，让我们用脚步和心灵，去探寻千年前曹操的隐秘心事，去见证汉武帝的“高科技”，去亲近皇家威仪的象征双凤阙，去触摸建章宫的砖瓦，也去真切感受古长安的脉搏与心跳……

『含元路』

走在龙尾道上的颜真卿

2022年4月，西安发生了一件大事：全国首座考古学科专题博物馆——陕西考古博物馆正式开放。开馆后，陕西考古博物馆迅速成了全国“顶流”，许多网红展品一时间圈粉无数，其中就包括首次与公众见面的、唐代书法家颜真卿早期时的作品《罗婉顺墓志》。

罗婉顺是什么人，颜真卿为什么会为她写墓志？搜寻古籍可找到答案：罗婉顺是北魏常山王七世孙元大谦的妻子，名副其实的唐代名门贵妇。而彼时的颜真卿不过三十多岁，还未成名，受朋友之邀为罗婉顺写墓志，也是情理之中的事。

【唐】颜真卿『罗婉顺墓志』（局部）

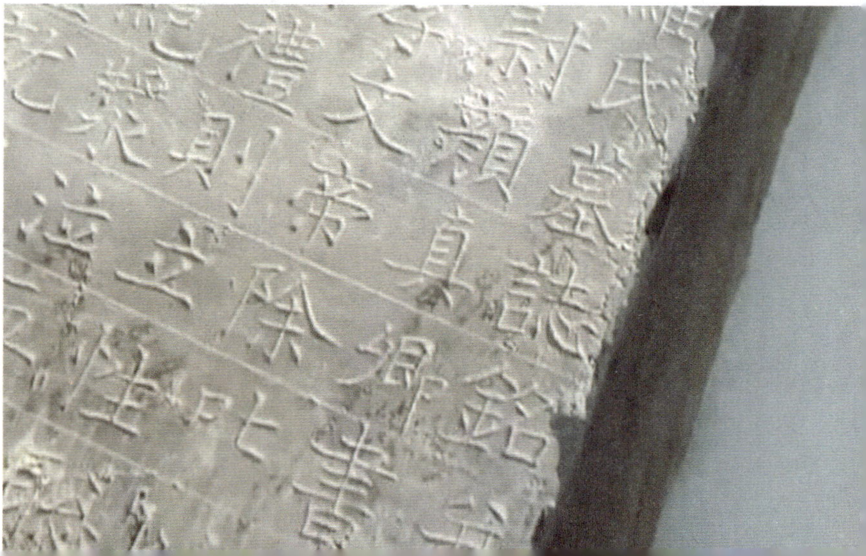

这不禁引起了大众的好奇心，顶着书法宗师光环的颜真卿，在笔墨纸砚之外，又拥有过怎样的人生？书法史上对他的简短介绍，显然不能够囊括一个人丰富跌宕的一生。让我们先从一座宫殿说起。

唐朝初建时，只有一座依托隋朝宫殿建起的太极宫。后来唐太宗为了让父亲李渊安心养老，也为了表达自己对被迫退位的父亲的愧疚，就开始着手修建大明宫。谁知大明宫还未建好，李渊便去世了，工程暂停，后来直到唐高宗继位，大明宫才终于建成。

建成后的大明宫，不但是唐王朝最大的宫殿，也是当时世界上规模最大、最辉煌壮丽的砖木结构建筑群，被誉为“千宫之宫”、丝绸之路上的东方圣殿，是大唐，也是东方文明最瑰丽的梦幻记忆。

大明宫前朝的第一正殿含元殿，是长安的标志性建筑，也是大明宫的核心宫殿。含元殿建在龙首原南沿的高台之上，站在殿前，可俯瞰整座长安城。从殿前广场的北端进入含元殿，要经过长长的龙尾道。古代

大明宫遗址公园丹凤门　张子豫/摄

宫殿常建在高台之上，从平地到宫殿的坡道蜿蜒起伏，就像垂下来的龙尾巴一样，因此称为龙尾道。

皇帝在含元殿处理政务，每逢上朝时，文武百官都要沿着两条长长的龙尾道逶迤而行，这条路是无数人梦想的路，也是极为艰难的路。

唐景龙三年（709年），颜真卿出生在长安城敦化坊一个仕宦之家。颜氏家族是孔子弟子颜回的后裔，世代儒学传家。颜真卿四岁时，父亲离世，家道自此中落。和所有那时的青年学子一样，颜真卿寒窗苦读，最终在二十六岁这年得中进士科甲等第一名。

作为新科进士，颜真卿第一次进入大明宫参拜了张九龄等宰相。大明宫的宏壮华美让他惊叹不已，什么时候自己也能在这里上朝办公呢？年轻的颜真卿没有想到，这个梦想的实现如此不易。

得中进士后，颜真卿又顺利通过了朝廷特设的制科考试，用现在的话来说，颜真卿算是一个不折不扣的学霸、学神级别的人物。就在他刚刚踏上仕途不久，母亲在洛阳逝世，守孝三年回到长安后，他先是被任命为醴泉县尉，天宝五载（746年）三月，升任长安县尉。也就是在这一年，三十八岁的颜真卿写下了《罗婉顺墓志》。

像颜真卿这样不善钻营、一心为民的人，平步青云是想都不敢想的事，却不料命运居然眷顾了他——彼时杨国忠四处搜罗人才，发现了颜真卿，于是任命他为监察御史。时隔多年，颜真卿终于实现了当初的梦想，踏上龙尾道，走进含元殿。然而梦有多美、心有多热，现实就有多冷。监察御史的工作就是检查、监督官员们的工作，清廉正直的颜真卿因此得罪了很多人，其中也包括当初提拔他的杨国忠。他很快就被调出了长安城。

不久之后，颜真卿再次被任命为监察御史，他再次走在了龙尾道上，走进了含元殿。杨国忠等人以为，颜真卿经过外放，可能会改变品性，但没想到颜真卿的耿介清直依然故我。走在龙尾道上的颜真卿，心中想的不是自己闪闪发光的前途，而是整个天下社稷与苍生疾苦。杨国忠于是便将这个不听话的“钢铁直男”降职，后来干脆又调出长安任平原太守。

当时平原郡在安禄山管辖之下，颜真卿敏锐地觉察到了安禄山的谋反迹象，但没有人相信他的判断，他只好暗中严加戒备与防范。然而他的力量太过弱小，天宝十四载（755年），安禄山与史思明最终联合起兵，安史之乱爆发。一向倚重杨国忠与安禄山的唐玄宗，听到大片国土沦丧的消息，一声长叹：“河北二十四个郡，难道就没有一个忠臣吗？”有忠臣，且只有一个，那就是颜真卿。

安禄山起兵时，颜真卿眼含热泪、慷慨陈词，亲率二十万大军顽强抵抗，击退了敌军的进攻，令玄宗大感意外。唐肃宗即位后，颜真卿继续奉命平定叛乱。为了保住大唐，颜真卿的家族付出了惨重代价，他的

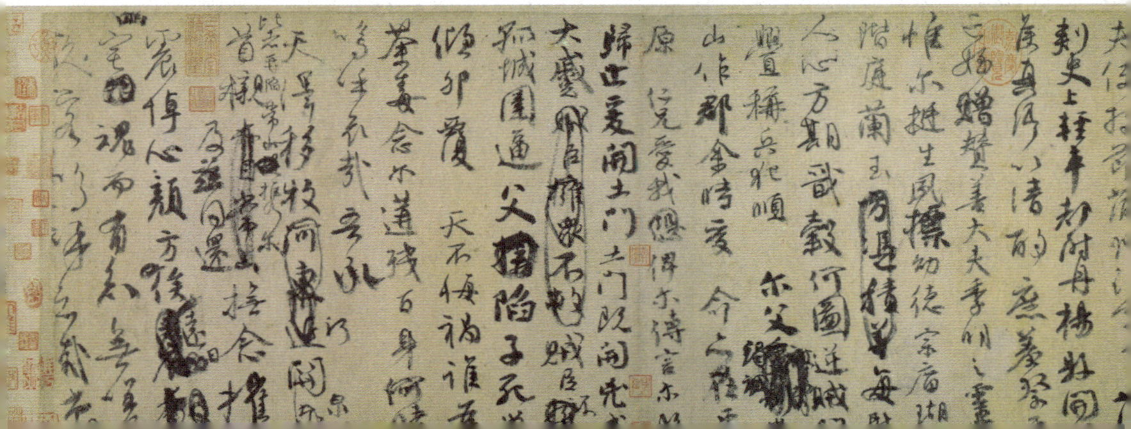

堂兄颜杲卿和侄儿颜季明等三十多人战死沙场。颜真卿为颜季明写的《祭侄文稿》被誉为天下第二行书，不只因为书艺绝佳，也因其中饱含真情。

安史之乱平定后，颜真卿又走上了含元殿前的龙尾道，进入了朝堂中枢，但忠直敢言的个性使得他在朝中屡受排挤打压，仕途一直不顺。七十五岁那年，颜真卿受命招降起兵作乱的李希烈，遭囚禁整整两年后，被李希烈缢死于龙兴寺柏树下，终年七十七岁。

在中国书法史上，颜真卿是继王羲之之后成就最高、影响最大的书法家。他以书法名世，但书法家不过是兼职，他的正职是政治家、军事家。他的书艺之所以如此为人称道，其实正源自他正直的品格和宽厚的为人。字如其人，中国书法艺术并非仅仅是笔墨在纸页上的无声舞蹈，字品更与人品息息相关。颜体书法的方正刚直、浑厚大气，书写着颜真卿波澜起伏的一生，也体现着中国书法艺术独有的精神境界。

颜真卿逝去多年之后，大明宫、含元殿、龙尾道，随着唐王朝的灭亡而消失在了历史时空之中，只留下些许遗迹。

现今西安大明宫遗址公园东侧的含元路，提醒世人这里曾有过一座叫含元殿的宫殿。跟随走在龙尾道上的颜真卿的身影，我们凝望唐长安城的前世，也无限接近着中国人集体精神的力量之源和中国书法艺术的魅力之源。

【唐】颜真卿《祭侄文稿》

贰 笔墨与口耳接力的传奇

『窦府巷』

来自大唐的婚宴请柬

古装电视剧中常有比武招亲的情节。但你知道吗？古代有一位皇帝，也是通过比武招亲才收获了美满的爱情与婚姻的，这位皇帝就是唐高祖李渊。

话说隋朝末年的一天，就在如今西安东门外窦府巷这个地方，出了一个新闻事件，人们纷纷奔走相告：窦府的小姐要比武招亲啦！“吃瓜”群众一股脑儿涌到窦府门前，只见大门外张设着一面屏风，屏风上画着两只孔雀。窦家放出话来，要是哪个青年才俊能够站在几百米开外的地方射中孔雀眼睛，就把窦小姐许配给他。未婚青年排成了长队，都想成为窦家的乘龙快婿。

窦府的男主人窦毅，也就是窦小姐的父亲，是北周的大将，而窦小姐的母亲是北周武帝宇文邕的姐姐。家世显赫不说，窦小姐本人也是才貌双全，从小读书过目不忘，还喜欢兵法，见识非一般女子可比。北周武帝非常喜爱这位外甥女，将她自幼养在宫中。当时北周武帝很不喜欢突厥公主出身的皇后，窦小姐劝说舅父要搞好夫妻关系，这样天下才能安定。说这话时的窦小姐，不过是个六七岁的小女孩。

这样优秀的女儿，窦毅自然要为她选一个同样优秀的夫婿，因此想出了雀屏招亲这个办法。没想到果真为女儿选到了理想的结婚对象——文武双全的李渊。招亲开始后，十几位应选者先后丧气败北。这时，只见李渊搭弓上箭，拉满弓弦，飞箭准确无误直中孔雀眼睛。窦毅和家人对李渊表示非常满意，因为李渊的家世与窦家相当：李渊的父亲是北周的柱国大将军，母亲是隋文帝独孤皇后的姐姐。七岁时，李渊袭封唐国公，长大后更是风神俊朗、才能出众。此时的李渊还未建立唐朝当上皇帝，但也是年轻有为，在朝中担任要职。他早已倾慕窦小姐之名，故而前来参加比武招亲，而窦小姐对李渊也一见钟情，这样两个门当户对、各方面都非常匹配的青年相遇，真是天赐良缘。

李渊与窦小姐的婚礼，想必豪华而盛大。这不禁让人产生了强烈的好奇之心：唐朝人的婚礼究竟是怎样的场面呢？

唐朝沿袭了西周以来的婚俗礼仪："三书""六礼"。"三书"指的是定亲时的聘书、过大礼时的礼书以及迎娶新娘时的迎书。"六礼"为纳采、问名、纳吉、纳征、请期、亲迎六个前后相接的礼仪程序。

纳采就是男方以大雁为礼向女方初步征询婚事可否，得到应允后，正式向女方家纳"采择之礼"，礼品一般是寓意吉祥的合欢、嘉禾、阿胶、九子蒲、朱苇、双石、棉絮、长命缕、干漆九种物件。问名就是男方委托媒人带着通婚男子的姓名与生辰时日及礼物、礼书，前往女方家询问待嫁女子的姓名和生辰时日，然后进行占卜。纳吉是男方托媒人带着大雁等礼物及报婚书前往女方家，女方家如果同意婚事，就将答婚书交给媒人带回男方，这就等于是订婚了。纳征就是下聘礼。请期就是双方确定结婚日期。

【清】边寿民《芦雁图》

雁在此画中像鸳鸯一样相依相随，可见在古人心中，雁确是夫唱妇随、夫妻和美的象征。唐人在缔结婚姻的过程中，别的或还可缺，唯有作为和美象征的雁礼不可缺

六礼中的最后一礼是亲迎，这也是整个婚俗礼仪中的重头戏，就是迎亲举行婚礼。唐朝时的婚礼是在黄昏时分举行，“婚”字源出于“昏”。暮色渐生之际，新郎祭祀过祖先，带着迎亲队伍浩浩荡荡来到新娘家。与今天迎亲时藏新娘鞋、堵门、要红包的风俗类似，唐朝的新郎也要经过种种刁难与重重考验。

首先是“下婿”，新郎要经过女方亲眷的一番戏弄调笑甚至杖打，才能进入第二关“催妆”。

新娘其实早已妆扮好，但就是藏在深闺不肯轻易出来，需要新郎倾尽平生所学吟诵“催妆诗”。如果吟完第一首催妆诗，新娘不满意，新郎需要再吟一首，如果新郎实在才拙，可以请人代作，最后直到新娘认可点头，这才算过了催妆这一关。

新娘头顶盖头，袅袅婷婷轻移莲步上了花轿，新郎骑马绕车三圈，寓意以后的日子一定会护新娘周全，然后迎亲队伍开始向新郎家进发，一路之上如果遇到“吃瓜”群众阻拦，也不必意外，因为这是大唐婚俗的一部分，是为“障车”。人们在路上拦住花轿车马，说一些祝福婚姻美满的话，新郎将事先准备好的礼物或红包分送给他们，然后皆大欢喜，迎亲队伍继续甜蜜前行。

到了新郎家，新娘下花轿后，脚不能沾地，要踩着特备的毡席走路，路长席短，每走几步就要将走过的席转到前面去，称为“转席”。婚礼在一座青布搭建的帐篷中举行，是为“青庐”，一般建在庭院的“吉地”——西南角上。从东汉到唐初，古人的婚礼都是在青庐里举行。汉乐府长篇叙事诗《孔雀东南飞》中这样描写焦仲卿与刘兰芝的婚礼：“其日牛马嘶，新妇入青庐。”

要开始拜天地了，唐代婚礼中新郎着绯红色衣，新娘则着绿衣或青衣，这也就是“红男绿女”一词的由来。拜堂之后，夫妻要共食一份肉、同饮一杯酒，是为“同牢合卺”，寓意夫妇一体，相亲相爱。而后，新人各剪下一缕头发绾结在一起，是为“合髻”，也就是结发，“结发夫妻”之说即由此而来。

互拜成礼　莫高窟第148窟南壁　盛唐

你以为这样就结束了吗？并没有。同牢合卺、合髻之后，新娘开始“去花”，也就是取下盖头、去掉花钗，不过这时候的新郎可不要激动过早，因为他还无法看到新娘子的芳容——虽然盖头和花钗取下了，但新娘的脸还被一把扇子遮着，新郎又要面临新一轮才学考验，需恳切地献上“却扇诗”。温馨的洞房花烛夜成了激烈的赛诗会。这场赛诗会往往不只新郎参与，若有人看得技痒，也可加入赛诗，一首接一首却扇诗吟诵下来，直到新娘满意，扇子才会移开，接下来便是洞房花烛了。

不过李渊与窦小姐的新婚卧房还不能叫洞房，因为洞房在唐朝以前指的是宫廷中豪华又幽深的居室，比如司马相如的《长门赋》中有言："悬明月以自照兮，徂清夜于洞房。"这里的洞房就是幽深清寂的冷宫。到了唐代，文人墨客喜欢用洞房来代指男女欢爱之所，时间一久，人们就开始用洞房特指新婚卧房。

和现代人一样，唐朝人也闹洞房，不过叫作"观花烛"。新郎新娘须等到红烛过半，人皆散去，夜已深沉，方可就寝安歇。至此，婚礼才算圆满结束。

随着朝代更迭、岁月流逝，像唐朝婚俗这样的古代仪礼渐渐被遗落在时光深处，只在有些特殊的机缘触发之际，才会被人们忆起，就像在走过西安窦府巷之时，被唐高祖李渊的爱情佳话吸引，我们会生出想要穿越回古代参加一场唐朝婚礼的冲动。

从这个意义上说，窦府巷很像是一张从大唐隔空寄来的婚宴请柬。其实，每个古老的地名，不都是一张请柬吗？它们向我们发出无声的邀约，引领我们去探寻西安这座城市的前世今生，去探寻古老传统文化的渊源脉络。在脚步声里，我们会忘了年月。

『下马陵』

董仲舒墓葬之谜

很多人都知道西安和平门里有一个地名叫下马陵，据说是董仲舒陵墓所在地。因为董仲舒是西汉大儒，所以人们在陵前下马以示尊崇。又因为陕西方言的“下马”与“蛤蟆”发音很像，所以“下马陵”被认为是唐代诗人白居易在《琵琶行》里写到的“蛤蟆陵”。

当年白居易被贬任江州司马时，遇到了一位长安歌女，也就是《琵琶行》长诗中的女主人公，这位歌女自称以前家在长安城中的蛤蟆陵下住。查找唐代文献，确实有蛤蟆陵这个地名，不过地理方位是在唐时的常乐坊，如今的沙坡一带。

那么问题来了，常乐坊的蛤蟆陵究竟是不是下马陵？董仲舒的墓地究竟是在如今的和平门里还是沙坡一带？

破解历史之谜，还需从历史文献入手。根据《唐两京城坊考》《长安志》《类编长安志》《唐国史补》《西京新记》等记载，可以确定蛤蟆陵就是下马陵，是董仲舒的墓地，就在唐长安城常乐坊内十字大街东边，如今的西安城东南沙坡，西安交通大学校区内。另据一些老人回忆，沙坡村原有一高坡，坡上有一座大墓，具体位置就在西安交通大学校医院南侧。

1988年，西安交通大学在校医院南侧修建浴池之时，发现了一座中型的汉代古墓，可惜墓穴中空空如也，显然被盗墓贼光顾过。虽然没有墓中文物作为佐证，但此墓位置与文献记载中的董仲舒墓以及老人回忆中的大墓完全吻合，这从事实层面印证了从南北朝就已有定论的、董仲舒墓就在沙坡的说法。既然如此，下马陵就应该在沙坡，为什么会出现在和平门里呢?

嘉靖初年，陕西巡抚王珝收到了西安府学学生给政府的请愿书。西安府学就在如今西安碑林所在之处，东边除了太庙、咸宁县学之外，还有一座前任侍中的宅邸。这位侍中搜刮民脂，将家里修建得非常豪华，后来被罢官之后，家宅空置。府学学生们建议将这位侍中的宅邸改建为董仲舒祠堂，儒学先师之祠与府学、太庙、县学相连，象征文脉流布，颇为适宜。

下马陵　张子豫／摄

王翊采纳了府学学生们的建议，很快便联合时任陕西巡按御史的喻茂坚，于嘉靖三年（1524年）共同建成了董仲舒祠堂。这就是如今西安和平门内的下马陵。

那么，董仲舒墓又是如何从沙坡来到和平门里的呢？

原来，就在王翊与喻茂坚改建董祠之前，侍中府内就有一座墓。祠堂建好后，人们进入祠堂看到一座大墓，墓前没有立碑，但既然墓在董仲舒祠堂内，大家便理所当然认为这就是董仲舒墓。

历史常常是健忘的。因为文献记载较少，王翊与喻茂坚改建侍中府为董祠之事，也渐渐少为人知。嘉靖二一一年（1542年），陕西巡抚赵廷瑞再次扩建了下马陵，被后世认为是首建，后来渐渐成了共识，这里被认为是董仲舒墓所在地，称作下马陵，真正的董仲舒墓却被遗忘了。

其实，沙坡的董仲舒墓也曾建有一座祠堂。明正德年间，陕西提学副使王云凤去沙坡董仲舒墓祭拜，见当年高大宏丽的墓冢已经破败不堪，被荒草掩埋，他心想一代儒学宗师竟落到如此地步，便在士人马能政的资助下重修了董墓，又在墓地处为董仲舒修建了一座祠堂。只因为远处城郊，这座祠堂与董仲舒墓一样，在岁月里渐渐荒废，湮没无闻。

以上论断，是有关学者基于史料所作出的推断。长安城中、城外两个下马陵，本就已经让人分不清楚，世间还流传一种说法，认为董仲舒的墓在兴平，这就让董仲舒的墓葬之地更显得迷雾重重。

这个说法最早出自宋朝的《太平寰宇记》一书，书中提到董仲舒墓为汉武帝茂陵的陪葬墓。持这种说法的根据是董仲舒晚年迁居茂陵邑，住在茂陵邑中的很多人都为朝廷显要高官，死后很多都陪葬茂陵。但这种观点也并非无懈可击，因为西汉著名的两个人物，司马迁和司马相如，都曾住在茂陵邑，但死后却是一个葬在韩城，一个葬在四川。

董仲舒真正的墓地究竟在何处？这也许是一个永远没有确切答案的谜题。历史上很多事都没有确切答案，要追寻真相，除非真的能够穿越时空。然而历史的有趣和迷人之处也正在这里，如同一段未知的旅程，探寻的过程远比结果更有价值。

关于董仲舒墓葬之谜的种种探讨与争论，无非说明现代人对于一代儒学大师的景仰，对于历史文化传承的重视。这也正是中华五千年文明历尽劫波至今仍文脉流芳的原因所在。

下马陵在何处已经不再重要，重要的是，如今走进西安和平门，面对着“下马陵”三个字，我们会深深地弯下腰去，向着久远的逝去岁月和深远的传统文化致敬，那一刻，心中涌起的是满满的自豪和暖暖的感动。

『广济街』

聆听中国古代“交响乐”

天街小雨润如酥，草色遥看近却无。

最是一年春好处，绝胜烟柳满皇都。

唐代诗人韩愈是怀着喜悦的心情写下这首《早春呈水部张十八员外》一诗的。韩愈的喜悦源自早春美景带来的视觉享受，更源自内心满满的自豪感。

诗中所说的“天街”，指的是承天门大街。唐代的承天门是宫城太极宫的正门，向南便是皇城正南门朱雀门和外郭城正南门明德门。承天门大街就是从承天门至朱雀门的路段。

彼时，承天门大街与朱雀门外的朱雀大街相连，构成了唐长安城的中轴线，承天门也堪称全长安城的中心。国家的很多重大活动，比如阅兵、改年号、大赦天下、接待外国使臣、节日庆典等，都在承天门举行，李治就是在这里被封为皇太子的。

承天门大街两侧分布着很多重要国家机构，在朝为官的人常常会在上下朝时穿行在这条宽度达四百多米的街道上，往返于工作地和家宅之间。写这首诗时，时年五十六岁的韩愈刚刚平息了一场叛乱，由兵部侍郎升任为吏部侍郎。早春时节，望着天街上小雨润泽之下的新柳，他不由有了分享的欲望，于是便写下这首诗，送给时任水部员外郎的张籍。

每天清晨，韩愈都会听到长安城告别黑夜、迎接黎明的第一声“报时”——五更时分（即凌晨四时四十八分左右），承天门上的鼓声准点敲响，紧接着其他各条大街上的街鼓次第敲响，“六街尘起鼓冬冬”，随着鼓声，宫城及坊市之门纷纷打开，长安城从睡梦中悠然醒转，忙碌的一天拉开帷幕，安静的街道上开始车如流水马如龙。

每个日暮，承天门的鼓声再次响起，其他街鼓随之敲动，城门关闭，街上人迹渐绝，宵禁将长安城送入沉静的梦乡。

承天门大街不只承载着唐代官员的荣耀，见证着长安城白日的繁华与夜晚的沉寂，也催生了来自大唐的“中国好声音”。

唐贞元年间，当时世界上最大的城市长安及其周边郊区遭遇了严重旱灾，朝廷令民间举行祈雨活动，人们就在承天门大街上举行了一次大型音乐比赛——“斗乐”。

以承天门大街为界，街东的人们颇为骄傲，因为他们有号称大唐第一琵琶手的宫廷乐师康昆仑坐镇，料想街西之人必会败北。万众瞩目之下，康昆仑登上彩楼，弹奏了一支新翻曲调《绿腰》，这是具有西域胡风的曲子，令人耳目一新的乐曲加上高妙的弹奏技艺，气势顿时压倒了街西。

街西看上去没有什么新意，也建一彩楼，貌似模仿街东，街东之人因此大加嘲讽。街西选手出场，是一个女子，只见她款款登上彩楼，弹的曲子也是《绿腰》，技艺更是绝妙入神，结局是街西获胜。康昆仑大惊，立即要拜那女子为师。那女子却要先更衣，及至出来，却是一名僧人。原来是街西富人花费巨资请了庄严寺的僧人段善本，男扮女装进行演出。段善本收了康昆仑为徒，只是要他忘记过往一切，从头开始学起，最终康昆仑学成大器。

这个故事说明了唐代长安宫廷音乐与民间音乐的融合。早在贞观年间，唐太宗所制的大型宫廷乐舞《秦王破阵乐》就曾在玄武门外奏响。大鼓咚咚擂响，声传百里，气动山河，配合着其他各种乐器与舞蹈，大唐盛世的烈烈雄风荡人心魄。后随着大唐王朝的衰落，宫廷音乐也走向没落，不过这对于底层民众来说却是幸事。大量乐师流落市井，接了地气的汉唐宫廷燕乐，在后世的发展中不断吸取历代音乐养分和各地民间音乐精华，最终形成了如今独具特色的西安鼓乐。

西安鼓乐最特别之处在于，使用多种不同形状、不同音质、不同技艺的鼓，比如坐着表演时有大鼓、坐鼓、战鼓、乐鼓、独鼓，走动表演时有单面鼓、高把鼓等。这在我国其他地区的民间音乐中，实属罕见。

2022年5月，700万人线上围观西安东仓鼓乐社，共同聆听来自1300年前的唐朝交响乐——西安鼓乐。这场网络盛事在惊艳了无数网友耳朵的同时，也让更多人领略到了西安鼓乐的独特魅力。

西安鼓乐的乐音自唐代响起，千百年来余音不绝，至今仍存活在西安及周边地区，被认为是最具中国古代音乐特质的音乐，有中国古代音乐史上的“活化石”“中国古代交响乐”之称。它不仅是国家级非物质文化遗产，还被联合国教科文组织列入《人类非物质文化遗产代表作名录》。

东仓鼓乐社表演唐代宫廷燕乐《鼓》

被研究者认为是西安鼓乐起源地的承天门大街，后世几多变迁。唐朝灭亡之后，承天门大街宽度缩小，变成了南北稍有错位的两条街，这就是如今南北广济街的前身。到了宋代，时任陕西最高行政长官的陈尧咨，在城外东南处修建广济渠引水进城，以解决城内民众的饮水问题。广济渠流经如今西大街至西门一带，在南北广济街的十字当时修有一座广济桥，桥南桥北因此被分别称为南广济街和北广济街。这是广济街得名的一种说法。

另一种说法是，如今的南广济街在元代时有许多中药铺，取“广济天下苍生”之意，北边的街道随之称为北广济街。

1992年，经重修之后的南北广济街连成了一条直线，成了我们今天看到的样貌。

了解了广济街背后的历史，走在这条街上，就仿若走进了韩愈诗中的承天门大街，在大唐长安夹杂着胡风的市井气息中，聆听一曲欢然奏响的西安鼓乐，整个人便也沾染了一身古乐的静气。

『桥梓口』

秦月汉关英雄梦

2021年伊始，央视《经典咏流传》第四季“致敬英雄”的舞台上，一首改编歌曲《缘分一道桥》燃爆全网。这首歌的歌词中融入了唐代诗人王昌龄的诗句：“秦时明月汉时关，万里长征人未还。但使龙城飞将在，不教胡马度阴山。”朗朗上口又气势磅礴的旋律，将大漠边塞的英雄豪情诠释得淋漓尽致，同时又似在古今之间架起了一座桥梁，带我们走进遥远的大唐，走近王昌龄和他的边塞诗。

在唐代长安城皇城内含光门街，如今桥梓口所在之处，有一个重要的国家机构——秘书省。秘书省在汉代是宫廷藏书机构，到了唐代兼具图书馆与档案馆的性质，很多名人进士及第之后，都是从这里踏入职场，开启人生新篇章的。王昌龄也不例外。

二十九岁那年考中进士后，王昌龄和许多前辈一样，到秘书省做了校书郎。秘书省这个单位比较高大上，校书郎这个官职听起来也高雅文气，实质却不过是个正九品上的闲散小官。王昌龄的日常工作，主要是负责图书的管理、修撰和校订。这与他的人生理想相去甚远。王昌龄虽是读书人出身，但他并不想一辈子做一个只会吟诗作赋的书生。

王昌龄的家族属琅琊王氏余脉，曾经显赫一时，到了他上面的几代便开始衰微，王昌龄的祖父、父亲都没有做官。为了改变命运，王昌龄一边在乡间种地一边刻苦读书。读书很闷，考科举也难，王昌龄在为人生寻找新的可能。

在考中进士的前几年里，他曾在西北边塞一带游历，希望能够有机会进入军营，在沙场建功立业，实现“封侯取一战”的愿望。然而现实并未如他所愿，王昌龄失望之余，只好重回书斋埋头苦读，终于在开元十五年（727年）考中进士。

在校书郎这个职位上，王昌龄一边兢兢业业地工作，一边仍在勤奋学习，他要向更高的目标迈进。中进士七年之后，他又考取了博学宏词科，然而这个双博士的学位仅为他带来汜水县尉的微末官职，治国平天下的人生理想仍遥不可及。

天宝七载（748年），王昌龄被贬谪到龙标（今湖南省洪江市一带）任职。好友李白写了一首诗安慰他，这首诗就是现在流传甚广的《闻王昌龄左迁龙标遥有此寄》:

杨花落尽子规啼，闻道龙标过五溪。
我寄愁心与明月，随君直到夜郎西。

其实这不是王昌龄第一次遭贬，在此之前，他还曾被贬岭南。他的仕进之途，始终充满着坎坷与失意。除了秘书省校书郎，他一生中所担任的，也就是县尉、县丞之类的小官，还总是遭贬，被贬的原因不明所以也就罢了，最后连他的死竟也是一个谜团。

安史之乱爆发后，王昌龄于天宝十四载（755年）在江淮一带避乱，途经亳州（今安徽亳州市）时，被亳州刺史闾丘晓无端杀害。如此结局，令人唏嘘。

相比生前的惨淡，王昌龄在身后却获得了巨大的荣耀与赞誉——他是唐代诗坛上的“七绝圣手”，最为人称道的，是他的边塞诗。

边塞诗是我国古诗园地中的一朵别致之花。细数中国史，半章都是烽烟染山河。古今的起承转合之中，没有永远的和平。边塞之地，大漠孤烟、长河落日的苍莽诗意之外，也涌流着中华儿女抵御外侮的澎湃热血。

舒春光　《忽如一夜春风来》

早在先秦时期，边塞诗就已萌芽。《诗经》中《大雅·江汉》写道："式辟四方，彻我疆土……于疆于理，至于南海。"另一篇章的《秦风·无衣》则把我们带入了英雄慷慨激昂齐唱战歌的氛围之中："岂曰无衣？与子同袍。王于兴师，修我戈矛，与子同仇！岂曰无衣？与子同泽。王于兴师，修我矛戟，与子偕作！……"而魏晋时期的曹植，在《白马篇》中的名句"捐躯赴国难，视死忽如归"，同样也可视作脍炙人口的边塞诗。

到了诗歌盛行的唐代，书写边疆风光和战斗生活的诗有了一个专有名词：边塞诗。大唐虽国力强盛、疆域辽阔，但边塞战事频仍。在爱国主义精神的激荡之下，唐朝很多文人都渴望投身边塞沙场，能够纵马挥戈，一展才华与抱负，王昌龄就是其中之一。

青海长云暗雪山，孤城遥望玉门关。
黄沙百战穿金甲，不破楼兰终不还。

玉门关遗址

这首《从军行》是王昌龄众多边塞诗中的一首，雄浑、悲壮的气势之中，充满了阳刚之美与生命之力。这是青年王昌龄的雄心壮志，也是边塞诗所蕴含的浓重的家国情怀。

从古至今，中国的诗教传统从未断绝，边塞诗的书写也从未停止。当下，高原边防官兵们最喜欢的一首歌这样唱道："我站立的地方是中国/我用生命捍卫守候/哪怕风似刀来山如铁/山河一寸不能丢！"还有年轻的卫国戍边烈士陈祥榕写在日记里的一句话："清澈的爱，只为中国！"这些，难道不是令人读之热泪盈眶的新时代的边塞诗吗？

如水般流逝的岁月中，王昌龄当年初入职场所工作的秘书省早已不在，长安城也一再改换模样，只有承载过诗人一腔豪情的那片土地仍在，只不过那里有了一个新的地名"桥梓口"。至于为什么叫桥梓口，历来有两种说法。一种说法是明清时曾有通济渠流经此处，渠上建有桥。另一种说法是明末将钟楼从广济街口的迎祥观移至现在钟楼的位置时，曾在此处建有一座木桥。

据老西安人讲，桥梓口原以西大街为界，分为南桥梓口和北桥梓口，后来北桥梓口改名为大麦市街，南桥梓口就独占了桥梓口这个名字。

桥梓口曾在现实中架起过方便通行的桥，现在桥虽已不存，但穿过历史烟云，我们在这里看到了曾在此生活、工作过的唐代诗人王昌龄。秦时明月，汉时边关，英雄梦千年不醒。王昌龄也是一座桥，通过他，我们抵达了古代边塞诗的壮丽国度。

深入挖掘边塞诗在当代的精神价值和深广内涵，亦是承续中华民族优秀的文化基因，重建我们共同的精神家园。在那样的家园里，我们豪气干云，又心有所依。

『红埠街』

幸运的古槐与火光映照的黄昏

隋开皇二年（582年），刚刚登基一年的隋文帝杨坚做出了一个重大决定：放弃原有的长安城，营建一座新的都城。一向节俭的杨坚为什么会做出这个决定呢？相传是因为他做了一个噩梦，梦中长安城被一场突如其来的洪水淹没，那种恐惧感醒后犹在，促使他下决心建新都。

这是笔记小说中的记载，虽是传说，但也并非全无道理，旧有的长安城的确有诸多弊端。

当时杨坚所在的长安城位于龙首原以北，是北周沿袭汉代的旧城，从西汉到北周，已有九个王朝在此建都，八百年岁月摧折，已让这座城破败不堪。当初西汉建立长安城之时，缺乏合理完整的规划，皇宫、官署与居民住宅混杂交错，这样就会出现一种奇特的画风：禁卫森严的皇家宫室门前，或许就会冷不丁冒出一个莽撞的平民，或者在端然有序的国家机构周边，随时可能出现小商小贩的叫卖声……

古代没有自来水，长安城的居民生活用水主要依靠打井引取地下水，但隋初的地下水已被污染，变得又苦又咸，无法饮用。另外，杨坚本为北周重臣，他的女儿曾是北周皇后，他灭掉北周建立隋朝，心理上多少有点不安，加之他是个佛教徒，相信因果报应，所以住在北周的旧都城里，难免觉得不自在。

因为以上种种缘由，杨坚才不惜花费人力物力营建新都。

这个想法得到大臣们的支持后，接下来的问题是，选谁来主持建都工程呢？杨坚想到了宇文恺。宇文恺虽姓宇文，却并非北周宗室，他的父亲是西魏的大将军，哥哥宇文忻则是隋文帝的开国功臣。与哥哥的勇武不同，宇文恺显得有些文弱，他自幼喜欢读书，在建筑设计方面有很高的天分和非常浓厚的兴趣。在被任命为营建新都的总设计师之前，杨坚曾让宇文恺负责营建宗庙，对于宇文恺在建筑方面的才能，杨坚深为了解与认可。

经过权衡，杨坚最终将营建新都的地址选在了龙首原之南。《水经注》记载，秦朝时有一条黑龙到渭河饮水，所经之处形成了一座山，龙头所在的地方就被称作龙首原。用《易经》中的观点来看，龙首原南麓地势北高南低，由北向南依次形成了六道东西走向的高坡，颇似《易经》乾卦的六爻。乾卦为八卦中的第一卦，卦辞为“元亨利贞”，寓意盛世千秋、万世太平。

杨坚在北周被封大兴郡公，且“大兴”两字有鼎盛兴旺的吉祥寓意，因此新都就叫作大兴城。

地址、名称既已确定，接下来就是如何营建了。宇文恺根据龙首原南麓这片土地的地形特点，结合《易经》乾卦的卦象来规划整个大兴城。在乾卦六爻中，九二、九三、九五最为显要。大兴城总体设计图中有三大部分：宫城，皇帝与后妃们居住之处；皇城，国家机构和百官办公之所；外郭城，百姓居住区域。

外郭城在最南边的外围，这个不用说。如何安排宫城与皇城的位置呢？宇文恺动了一番心思：按理说，九五之位最为尊贵，应该建宫城，但按卦象来看，九五位于最南，九三位于中间，九二位于最北。中国古代二十八星宿以北极星为核心，历来以北为尊，儒家所言“面南而治”。从这个意义上来说，宫城似乎又应该建在九二之位。

宇文恺用一个巧妙的设计解决了这个矛盾：既然皇帝自称天子，是天帝在人间的代言人，那么就在九五至尊之位建造佛寺、道观，宫城建在九二北位，这样一来，天上人间的尊严都顾及了。

北南布局解决了，那么东西方向又该如何安排呢？宇文恺运用了中轴线对称美学来安排。整个都城中，宫城正南门、皇城正南门与外郭城正南门呈一条直线，以这条线为界，东西两侧所有的街道、坊市都对称分布，最终形成了规划严整、棋盘式的城市格局。

建成后的大兴城是汉长安城的两倍多，这座当时中国最大的城市，仅仅用了九个月即告竣工，杨坚喜滋滋地带着文武百官迁入新都。此时，城内的基础设施已全部完成，还需要做一些绿化，在街道两旁栽植树木，以提升美感。

负责绿化的官员带人在大兴城宫城与皇城之间的第一横街栽植树木时，看到路中央有一棵大槐树，就准备将这棵槐树砍掉。杨坚知道此事后立即加以阻止。据说这片区域原有一个叫杨兴村的村庄，大槐树是杨兴村的古树。“杨”是自己的姓，“兴”是自己的封号，所以杨坚对杨兴村有着特殊的感情，对这棵大槐树也颇为珍视。

其实不只是杨坚，古人一向对槐树情有独钟。槐树生命力强，随处可长，用途广泛，与人们的生活息息相关，早在《山海经》等许多古代典籍中，就有关于槐树的记载。与槐树的朝夕相处中，人们赋予槐树崇高、庄重、忠诚、仁义等优良的品质，后来，槐树就被视为吉祥福祉的化身与政治地位的象征。又因为槐与“怀”同音，所以槐树也开始与“怀来人才”的寓意联系起来，历代帝王都重视招揽人才，隋文帝杨坚创立科举，正是怀有强烈的招贤纳才之愿。这样也就不难理解，为什么大兴城内的街道上要广植槐树。

虽然杨坚和宇文恺为大兴城的建造煞费苦心，却不料隋朝只存在了短短二十六年，便被唐朝取代。唐朝开国后，都城基本沿用隋朝旧制，只将大兴城改为长安城，唐太宗时期又对长安城进行了些许改建和扩建。

据《唐书》记载，当时唐朝官员们看到原大兴城宫城与皇城第一横街上的、杨兴村的那棵大槐树时，认为这是隋朝的旧物，上奏太宗予以伐除，太宗却下令一定要好好保护这棵古槐，只将杨兴村的村名改为唐兴村。

然而，唐王朝再强盛，也不过存在了三百多年。唐朝末年，一场大火熊熊燃起，大唐太极宫宫城正南门承天门化为一片灰烬，如今只在莲湖公园内留下一个遗址。火光映照着唐王朝的黄昏，唐朝不久即被宋朝取而代之。唐宫城与皇城之间的第一横街街边，堆放着被火烧过之后的城墙夯土，原本黄色的泥土经过火烧之后呈现出一片红色，后来这条街就被称为红阜街，“阜”意为土山。再后来，红阜街被叫成了红埠街，这

西安街头如果少了槐树可能还真感觉缺了点什么，西安人已离不开槐树，槐树已深深扎根于西安人的心中

闵劼婷 / 摄

条街就在今天西安北大街中段以西，东起二府街西口，西至教场门东口。

据地方志记载，红埠街上那棵曾被隋文帝和唐太宗共同眷顾过的古槐，直到1928年还存在，原来住在杨兴村的村民后裔还常回来在树下的铁炉里上香祭拜。三年后，随着附近的马神庙被拆除，这棵古槐也不见了踪迹。对一棵树来说，能够如此已实属幸运。

幸运的古槐与火光映照的王朝黄昏，早已成为历史。顺着红埠街这个地名，我们看到了唐长安城的生命原点，看到了中华传统文化在遥远的古代怎样与城市建设相融合，古人如何看待树木与人、与城市的关系。如此种种，只要能够引发今人对当下及未来的一点思索，也就是古老地名留存至今的价值和意义。

『马腾空』

唐太宗的“骏马天团”与中国马文化

“一梦长安，一梦戎马，犹似威凤，穿云而下……”这是歌手周深在《国家宝藏·展演季》中所演唱的歌曲《威凤吟》。在这样一档堪称文化与艺术顶级盛宴的电视节目中，《威凤吟》带着对国宝“昭陵六骏”的礼赞，引领人们梦回大唐，重温唐太宗李世民纵马沙场的岁月。

“昭陵六骏”石刻，是唐太宗对曾经与自己同战斗、共生死的六匹骏马的深情，只可惜六骏中的两骏流落海外，其他四骏现藏于西安碑林博物馆。人到暮年，这位平定天下、傲视苍穹的大唐天子，只愿让六骏在自己陵墓前的青石中定格成永恒，相伴生生世世。

昭陵六骏之青骓

石刻青骓线条流畅、刀法圆润、刻工精细、栩栩如生，其呈疾驰之状，生动传神地表现出战马驰骋疆场的情景

唐太宗对“骏马天团”的深情，还有一处地名可以印证。现今西安市雁塔区坐落着一个颇有名气的古村——马腾空村。“马腾空”这三个字画面感十足，似乎可见一匹骏马四蹄生风、凌空跃起的飞扬姿态，一想就知有故事。

唐贞观年间（627—649年）的一天，徐茂公进宫找李世民汇报工作，见皇上一脸郁闷，智商、情商双高的徐茂公心知是其当皇帝的压力太大，便提议李世民去郊外打猎散心。

狩猎本是古人为了生存谋食的一种本能行为，后来在上层社会中演变成了集武艺操练、自我展示、休闲娱乐为一体的奢侈活动。商周以来，历代君王都有游猎的爱好，马上得天下的李世民，自然也是个不折不扣的狩猎“发烧友”。虽说常有臣下进谏，天子打猎劳民伤财，应该尽量避免，但这次为了调节心情，他也就当即表示同意。

第二天，李世民便和徐茂公带着侍卫和一群文武大臣，浩浩荡荡向长安城郊外的东南方向进发。一行人出了延兴门，边走边欣赏美景，走了几里地后，李世民心情渐渐放松下来，正待快马加鞭朝前飞奔，不料鞭子还未扬起，座下之马却突然仰天长嘶，紧接着飞身跃起，两只前蹄悬在空中，李世民身体失去平衡，瞬间落马。

众人惊恐万分，急忙围上前来。不过，对于马上战神李世民来说，这点小事故算不了什么。只见他潇洒利落地起身，转眼又笑吟吟地稳坐马上。众人为皇上的好身手喝彩的同时，不禁暗暗松了一口气。

要换作别的皇帝，在臣子面前摔下马，会觉得有失尊严，大发脾气，可李世民不一样，马是他的功臣，是他最亲密的、有过生死之交的战友。

他既能胸怀天下，容许臣子指出自己的失误，当然也就能容许自己喜欢的马儿的突发性行为。

马为什么会突然腾空而起？有人说是因为马有灵性，看见了神鹿出没。神鹿出现是吉兆，小小的惊吓成了惊喜。最终，李世民完成了一次愉快的游猎，给后世留下了一个叫“马腾空”的地名。

这个故事只是传说，并非史实。事实上，马腾空所处之地在唐代叫作马头空，是沿袭隋代的叫法；而在晋代，这里则叫作马头原。再往前追溯，距今五六千年的新石器时代，这里已经有了先民生活的痕迹。

在漫长的岁月里，从唐代到清代，因为字音相近的缘故，马头空渐渐被叫成了马腾空，并沿用至今。民间之所以会从马腾空这个地名中衍生出一段李世民与马的故事，归根结底，是因为李世民是历代皇帝之中，与马感情最深厚的一位。

就像微风吹动书页，顺着昭陵六骏与马腾空的地名，我们看到了中华传统文化大花园中的一枝独秀——马文化。是的，关于马的文化，写出来会是很多本厚厚的大书。中国五千年文明史，如果少了马的身影，将会逊色很多。

在古代先民的眼里，马的诞生颇具神奇色彩：马的前身是仙界的天马，为玉帝所专有。天马生有双翅，能在天上飞，能在水里游，深得玉帝宠爱。后来，天马恃宠而骄，被削去双翅贬入凡间，压在昆仑山下，为人类始祖所救，从此便留在人间，成了人类最亲密的伙伴。

因为马自带神性光环，所以人们常常将龙与马相提并论。“河图洛书”的传说中，龙马与神龟，一个背负河图，一个驮载洛书，成为人们心目中中华文明的最初源流。由此产生了马图腾，各地纷纷出现了马神庙，关于马的神话故事和传说更是层出不穷，比如刘秀金口赐封“六畜之首”。

相传西汉末年，刘秀被王莽追杀。一位耕田的农夫让刘秀身盖稻草躺在田里。追兵来时，耕田的一马、一骡正好停在刘秀身边休息。马的一只蹄子差点踩到刘秀，但却迟迟没有落下。而那只骡子却对着刘秀撒了一泡热气腾腾、臭气熏天的尿。刘秀认为马很有灵性，救了自己，应为六畜之首。

其实，马和其他牲畜一样，是被人类驯化的。从远古时期被人类驯化开始，马这种有着超高颜值、健硕身姿、潇洒风度、英武神力的动物，就成为力与美的化身。它们沉默地帮助人们分担劳动的艰辛，驮运人们的身体和货物，在战场上替人类冲锋杀敌、保家卫国……

电视剧《大秦赋》中，周天子曾大骂秦国先祖是养马的家奴，这句台词虽是虚构，却符合史实。

有文字记载的、秦国最早的先祖叫伯益，因帮大禹治水和善于驯养鸟兽而获赐嬴姓。商朝，伯益的后代受到器重。周灭商后，嬴姓被剥夺，嬴氏后人沦为周王室奴隶。周孝王时，嬴姓后人子非因善于养马而得以恢复嬴姓，并有了自己的封地——秦邑，这就是秦人与秦朝的来历。正因为嬴氏族人在如今甘肃天水一带有着长期的游牧、养马经验，骨子里埋下了英勇善战的基因，才使得秦国军队日益强大，让秦这个起初存在感最弱的小国，横扫六合，统一天下。

马的安静、聪明、低调、隐忍、奋进、勇敢、忠义等优秀品质，正

徐悲鸿笔下的马

与中华民族的集体形象和性格相合。所以马才能够进入文学、音乐、绘画、雕塑等艺术世界，形成独具中国气质的马文化，成为中国优秀传统文化不可或缺的元素。

现代社会，马离我们的生活看似遥远，然而它们的身影却无处不在。“昭陵六骏”中的马，《威凤吟》歌声中的马，连同马腾空地名背后的传说，都充分说明马并没有远离，马文化正随着传统文化的复兴，离我们越来越近。

现在，除了马文化博物馆、马文化艺术节，还有了专门的马文化研究院。千百年来，马不仅仅是一种有灵性的动物，还是一种情感的寄托，一种文化的载体，一种昂扬进取的民族精神的象征。了解马文化，能为我们每一个人补充心灵钙质，增加灵魂能量。

『药王洞』

走下神坛的孙思邈

每年农历二月初二，西安市莲湖路北侧的药王洞街道上都是盛况空前：锣鼓喧天，人头攒动，有舞狮子的，有扭秧歌的，还有径直走到人群围绕的那座简易小庙前上香祭拜的。小庙门楣上写着“药王庙”。原来，这是西安市有名的一年一度的药王庙会。

药王庙中肃然端坐的是药王孙思邈的神像，据说二月初二是药王诞辰，全国各地的药王庙都会在这一天举行庙会。在人们的普遍认知中，孙思邈是神仙而非凡人，民间有太多关于他的神奇故事与传说。

孙思邈真的只是一个传说中的神仙吗？药王洞街道上为什么会出现这样一座小巧玲珑、与一般庙的形制有很大不同的药王庙？

在陕西省铜川市耀州区孙塬镇孙塬村，有一棵树龄一千多年的古槐，古槐不远处有一处老屋遗址和两座坟茔。老屋遗址之上，曾经是孙思邈的家。两座坟茔之中，其中一座前面立着一方清代墓碑，上面写着“唐代敕封妙应真人圣神之先茔碑”，这是孙思邈的墓。另一座是孙思邈父母的合葬墓。

孙思邈其实是一个真实存在的凡人，他就出生在这个生长着古槐的孙塬村里。孙思邈的家境原本不算贫困，但他自小体弱多病，为治病耗尽家财，幼年的他一直对父母心存歉疚，也因此开始关注医学和医术。然而那个时代，医生这个职业并不像现代这么受尊崇，所以父亲一直希望孙思邈好好读书，像大多数人一样通过科举考试踏上仕途。

孙思邈天资颖悟，又勤奋努力，年少时也是妥妥的学霸，十四五岁时有人将他推荐给了西魏柱国大将军独孤信，也就是隋文帝杨坚的岳父。谁料仅一年之后，独孤信便因蒙冤被迫自尽。

仕进之途并不顺利，孙思邈也陷入了迷茫之中。他虽然那时还不确定自己将来要成为什么样的人，但是对医学的兴趣始终不减。读好经史子集之余，他瞒着父亲偷偷读医书。自己家没有书，就去借别人的医书来手抄。十八岁那年，孙思邈立志学医。通达的母亲曾数次背着父亲让孙思邈为自己治病，相当于冒险让儿子实习。后来，孙思邈凭借自学的医术为父亲医好了病，父亲终于不再强烈反对儿子学医。

时间缓缓流逝，不觉间孙思邈已二十岁，他的医术渐渐精进起来。最初他只给家人看病，后来逐渐将诊疗对象扩大到邻居、亲戚和乡亲们。毕竟年轻，孙思邈虽医术高超，却也有过骄傲粗疏的时候。

话说有一天，孙思邈像往常一样在村口的大槐树上挂了葫芦，然后开始坐诊，冷不防冲出几个人来按住他就是一顿暴打。原来，这几个人的家人曾患狂犬病请孙思邈诊治，孙思邈想当然地以为就是中毒后需要解毒，不料病人服了他开的药以后突然暴亡，家属悲愤难抑，就来找孙思邈算账。

厚朴

淫羊藿

活血丹

秦岭无闲草。丰富的草药资源为孙思邈行医提供了很大的便利

这次医患纠纷带来的教训让孙思邈终生铭记。只怪自己以前将行医想得过于简单，人命关天，容不得轻率行事。父母常常告诫他，要将所有求医之人都当作自己的至亲看待。自此，慎之又慎、平等对待每一位病人，成了孙思邈一生悬壶济世的行为准则。也因此次事件，孙思邈深感医学知识深似海，自己所学太过有限，还需要不断学习，于是便辞别家人，出门寻访名医，精进医术。

一晃多年，孙思邈医术日臻化境，渐成人们口耳相传的名医。三十岁那年，孙思邈用自己发明的葱管导尿法为当时的辅政大臣杨坚医病，杨坚对这个清瘦高大的年轻人颇为器重和信任，于是奏请朝廷召孙思邈入朝为官，孙思邈却没有同意。他放弃了功名富贵，只愿做一个能够随时在民间行医的自由医者，以救治更多的底层民众。

杨坚称帝建立隋朝后，孙思邈奉命入宫为杨坚和独孤皇后治病，同时他仍不肯接受爵位，继续以自由之身在民间行医。多年的行医生涯中，他认识到医者不但要有高超的医术和一颗仁厚良善之心，还要会采药、种药、制药。他常常游走在荒山野岭寻找能够治病救人的药草，也常常住在山中亲手种植药材、制作草药。医药已经成为他生命中最重要的部分，须臾不可割舍。

杨坚死后，孙思邈继续侍奉隋炀帝杨广。隋朝灭亡，唐朝建立后，孙思邈又应召成为唐高祖李渊、唐太宗李世民与长孙皇后的御用医师。长孙皇后崇信佛教，玄武门之变发生后，她一直心有郁结，认为自己也有罪过，将李建成与李元吉及一众子侄辈们的画像挂在寝殿，日日祈祷忏悔，健康状况也越来越差。

孙思邈不但是一个医治身体之疾的高手，也是一个善于医治心理疾患的高手。在他的不断开导与鼓励之下，长孙皇后的心病好了很多，开始积极配合治疗。然而，由于她心结难以完全散去，终日思虑过多，身体损耗严重且日久，任是神仙也无力回天，最后于三十六岁那年病逝。即便如此，孙思邈凭借高超的医术和贴心的精神疗愈，为长孙皇后的生命延续立了大功。

据说孙思邈当年为长孙皇后治病的地方，就在如今的药王洞附近。这个说法不无道理，因为药王洞这一带原为唐代太极宫所在地，唐朝初年，唐太宗与长孙皇后就住在这里。后来，因为孙思邈的高超医术和高尚医德，天下到处都修起了药王庙，人们就在如今的药王洞也建了一座药王庙。药王洞街道的名字，正是得自于药王庙。那为何又叫药王洞呢?据老一辈人讲，当时药王庙的地势较低，药王像被供奉在一个洞里，因此药王庙也称为药王洞。还因为洞是道教中神仙居住的地方，孙思邈被人们视为药王神，他的庙被称为药王洞也就不难理解了。

孙思邈活了一百四十一岁才去世，别说是在古代，即便在科技发达的今天也是极为罕见。他一生淡泊名利，心胸开阔仁厚，又是养生圣手，常常为自己疗疾，这是他长寿的秘密所在。他一生以拯救天下苍生为人生最高理想，这是他顽强生命力的不绝泉源，在这样强大精神力量的支撑之下，他在一百一十一岁的高龄写出了《千金要方》，在一百四十岁、逝世前一年写成了《千金翼方》，为后世中华医药文化的传承做出了巨大贡献。

如此一来，本是凡人的孙思邈就成为世人心目中神一样的存在，他被百姓送上神坛，世代供奉。走在药王洞，看着街边小小的药王庙，心里慨叹之余，也会升起无限的敬意与骄傲。中华民族的传统医药文化滋养着一代又一代炎黄子孙从远古生存繁衍至今，甚至可以说，没有中华医药，就没有中华民族。孙思邈是中华医药文化的优秀代表，西安药王洞与这座小小药王庙的存在，提醒着我们勿忘先贤，不要遗落了祖先留给我们的真正宝藏——中国传统医药文化。

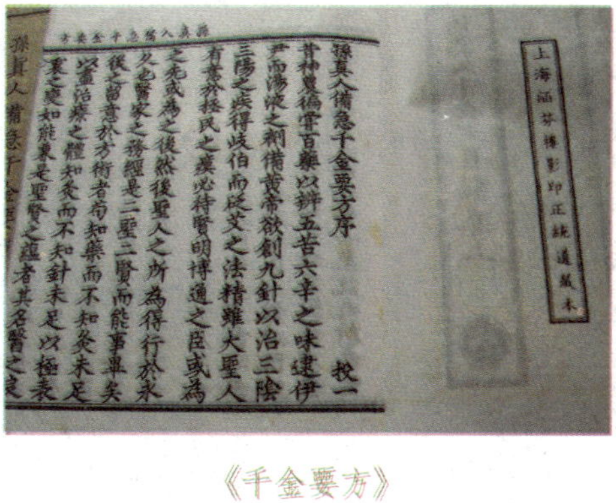

《千金要方》

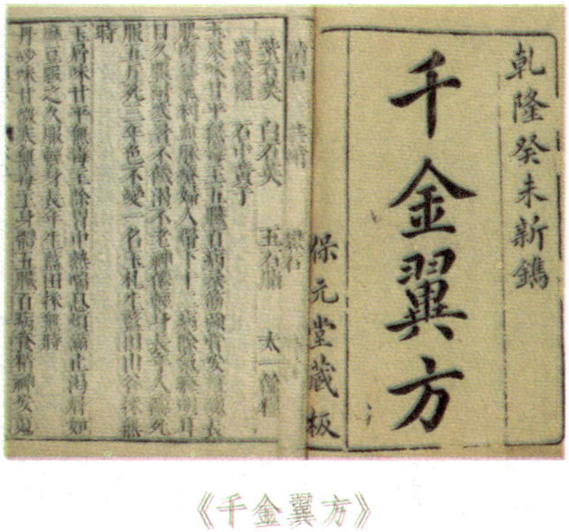

《千金翼方》

『韩森寨』

神秘古冢的背后

西安韩森寨韩森路以北长乐公园东门，有一个人称“韩森冢”的巨大坟土堆。“冢”意为高而大的坟。西安古墓多早已闻名全国，闹市中出现一处古冢本也不算太过稀奇，但韩森冢的神秘之处在于，其中所葬何人，至今众说纷纭，没有定论。

韩森冢前，有一块清乾隆年间陕西巡抚毕沅所立的碑石，碑上写着：秦庄襄王墓。毕沅是一个学者型官员，曾编著有《关中胜迹图志》，对地域历史文化颇有研究。在立碑之前，他翻阅过不少前人的相关记载。

三国时成书的《皇览》说韩森冢是秦相吕不韦墓。这个说法经不起推敲，史书明确记载吕不韦的最终结局是在四川被迫自尽，他不可能被葬在长安，且还拥有如此高规格的墓。东汉时成书的《三辅旧事》说韩森冢是秦庄襄王的母亲夏太后之墓。秦庄襄王是秦始皇的父亲，夏太后也就是秦始皇的祖母。唐代的《隋唐嘉话》《西京新记》等书则称韩森冢是秦庄襄王墓。

毕沅经过一番斟酌，最终决定以唐代史籍的说法为准，在韩森冢前立下“秦庄襄王墓”之石碑。后世对这种说法也不乏质疑之声，民间与学界又有了更多说法。

民间流传两种说法，一种认为韩森冢是韩信墓，因韩信与韩森音近;另一种说法则称这是一位名为韩森的太医的墓。无论是韩信还是太医，恐怕都无法拥有如此高大的墓冢。传说显然也只是传说而已。

学界还有一种说法，认为韩森冢实际上是“皇孙冢”。汉武帝晚年多病，总疑心有人用巫蛊之术谋害自己。一位名叫朱安世的人犯逃跑时被丞相公孙贺抓捕，朱安世诬陷公孙贺的儿子以巫蛊诅咒皇帝，公孙贺父子被砍头不说，还株连九族。事情到此还远远没有结束，汉武帝的女儿、卫皇后的侄儿等众多皇亲也被牵连进巫蛊案，甚至连汉武帝的儿子、孙子都难逃此劫。

负责审理巫蛊案的江充是个十足的小人，却甚得汉武帝宠信。他此前曾得罪过太子刘据，担心太子登上皇位后对自己不利，便诬陷太子行巫蛊之术、有谋反之心，刘据与全家最终被杀，只留下一个孙子，受人庇佑流落民间。这个苦命的孩子叫刘病已。世事就是如此神奇，长大之后的刘病已居然被人找到，在政治权力的角逐中被拥立为帝，是为汉宣帝。后人根据《汉书》记载推断出一个结论：韩森冢是汉宣帝为自己的父亲、汉武帝的孙子刘进所建的陵墓，所以就称为“皇孙冢”，后来因近音演变就成了“韩森冢”。

还有人推测，韩森冢可能并非陵墓，而是一座秦代的高台建筑的遗址。西安市文物保护考古研究院的工作人员对韩森冢进行外部勘察后，发现此墓为“亚”字形大墓，主墓坐西朝东，有两个陪葬坑和三座陪葬墓，所以基本可以确定为战国时期的秦王室陵墓，较为可能是秦庄襄王墓或者秦孝文王（秦始皇祖父）墓。

只要进行挖掘，韩森冢主人之谜或可很快解开，但相比于获取真相，对于文物的保护显然更为重要。更有意义的是，由于韩森冢横亘古今的神秘存在，掀开了古代墓葬文化的一角，由此我们可以无比真切地感知古人对于死亡的看法和态度，从而更好地理解自身生命的存在。

韩森冢的墓室为“亚”字形，这并非秦朝首创。早在商周时期，河南安阳的商王陵墓中就有了“亚”字形和“中”字形墓室。贵族的墓则为小规模的“中”字形墓以及更小规模的“甲”字形墓。商代的墓，与主人的身份等级严格挂钩。那么，我国的墓葬文化是从商朝发源的吗?

其实，早在旧石器时代晚期，墓葬文化就已萌芽。那时，人们不再将逝者遗体随意置于荒野任鸟兽啃食或任由腐烂，而是将其埋于土中，这就是“葬”，埋葬逝者的处所叫“墓”。新石器时代，人们开始在具有固定的方形或长方形的墓穴中放入随葬品，让逝者在另一个世界仍能拥有与人世相同的享受。

只不过那时候的随葬品多为生活必需品，比如粮食、工具、家禽家畜等，人们想象逝者以后还会像在人间一样生活。从夏商周到元明清，随着时代的发展，历代君王和贵族墓中的随葬品愈加丰富精美而多元，从青铜礼器再到玉石器、陶器、漆木器、骨角器，从布帛绸缎到书画古玩，只要是逝者生前喜欢的或者营葬之人认为重要的物品，皆可随葬。这无意中也为后世留下了珍贵的史料和文物，比如秦兵马俑、唐三彩等。

逝者的尊贵身份不仅体现在随葬品上，还体现在坟冢的建制上。身份地位越高的人，坟墓越是高大。韩森冢即是例证。另外，像秦始皇陵、汉文帝的霸陵、汉武帝的茂陵、唐太宗的昭陵等帝王陵墓均是依山而建，更是显示出雄踞天地间的宏大气象。这还不算，古代连死亡的名称都有严格规定，《礼记》有云，“天子死曰崩，诸侯曰薨，大夫曰卒，士曰不禄，庶人曰死”，只有平头老百姓去世才叫“死”。

身份地位高贵的人，墓室和棺椁也不同于常人。商周时期，地位高的人可以享有七重、五重、三重棺椁，而底层民众只能享有两重或一重棺椁。汉代帝王墓中有非常精致的彩棺，还有史上著名的“黄肠题凑”(题凑是一种兴盛于汉代的葬制，为汉代帝王、后和诸侯贵族的特殊丧葬制度，是一种身份与权力的象征)。“黄肠题凑”就是用成百上千根珍贵的黄心柏木层层堆叠码放将帝王的棺椁围拢起来。唐代的高规格墓多为石室、石棺、石椁，宋代出现了仿木建筑的墓室，明清时期的帝王陵墓不仅有壮丽的地下宫殿群，还有极为名贵的金丝楠木棺，极尽奢华之能事。

墓葬壁画《牵驼出行图》(局部)

与在人世所居之室匹配，社会地位高的人，墓室不但大而宽敞，还会有美化和装饰，比如砖雕、壁画等。由墓葬文化衍生出的墓葬壁画艺术，堪称历史最悠久的绘画艺术，它们不但是古代东方文明的珍贵遗存，艺术化地再现了古人的生活场景，在极高的艺术价值之外，还体现了极高的历史价值和文献价值。比如发掘于唐中宗年间的一幅墓葬壁画《牵驼出行图》，就描绘了一个深目高鼻的胡人手牵驮载着丝绸等中原物品的骆驼，从洛阳返回西域的画面，这正是当年古丝绸之路盛况的见证。

古代的墓碑和墓志，也是墓葬文化中值得关注的重要元素。最早人们设立墓碑的本意是为了方便找到祖先坟茔，后来逐渐形成了厚重的墓碑文化。墓志本为墓碑的替代品，源自东汉末年曹操的禁碑令。因立碑之风过盛，崇尚节俭的曹操于是禁止立碑，人们便想了一个变通之法：采用两方相扣合的青石，内面写上铭文，内容为对逝者生平的简要追述，类似于小传。这就是墓志铭。墓碑和墓志保留了我国古代书法艺术的珍贵原貌，也弥补了历史文献的不足，实在是功莫大焉。

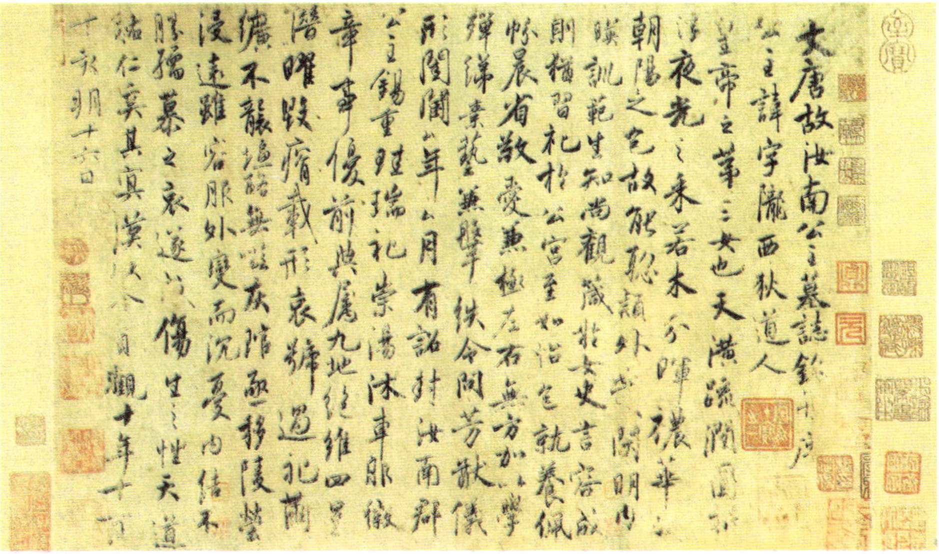

【唐】虞世南《汝南公主墓志铭》

《汝南公主墓志铭》全名《大唐故汝南公主墓志铭并序》，书于唐贞观十年(636年)。虞世南博学善文辞，书法亲承智永传授，深得其妙，所书笔致圆融遒逸，外柔内刚，风神萧散

说到古墓，总是绕不开盗墓贼这个话题。为了防止大量珍贵的随葬品被贼人偷走，古人在防盗这件事上可谓是脑洞大开、妙招迭出，流沙墓、积石墓、悬崖墓都不算什么，更令人惊叹的是以假乱真法和销声匿迹法。

据说曹操下葬时有七十二疑冢，究竟哪座墓是真哪座墓是假，令盗墓贼疑虑不已、无从下手，不得不说思路清奇。成吉思汗逝世后被秘密藏在起辇谷，起辇谷究竟在哪里，没有人知道。元代规定帝王陵墓的埋葬地点不立标志、不公布，也不记录在案。据记载，成吉思汗下葬后，不仅“万马踏平”，还用帐篷将周围地面围起来，直到墓葬地面长出青草，和其他地面无异，才将帐篷撤走。另外，为了保密，成吉思汗的葬地还栽种了许多树木，以致日后林木丛生，即便知道了大概范围，也无法确定在哪一棵树下。成吉思汗的草原葬，源自蒙古族传统的丧葬习俗。这样秘密的墓葬，恐怕是防盗级别最高的墓了，盗墓者根本没有下手的机会。

如同成吉思汗的墓一样，韩森冢也许会成为一个永远的谜。但这无妨，我们只要借此看到古代墓葬文化的博大精深，能够从西安厚重灿烂的墓葬文化开始，走进传统文化的幽深园地之中，就已足够。

因为韩森冢，遂有了韩森路、韩森寨的地名。古代墓葬文化写出来也是一本厚厚的大书，韩森寨的韩森冢，就是这本书的一个引子。

「胡家庙」

西安城的特别履历

作为十三朝古都，西安厚重悠久的历史文化在市井间俯拾皆是，比如每个地铁站点的文化墙，不但颜值高、辨识度高，且内涵深广，如果你肯用心去细细探寻，便能借此看到一个城市的根脉和灵魂。

站在胡家庙地铁站的文化墙前，异域风情扑面而来。色彩鲜艳的画面，再现了胡人宴饮的场景。胡家庙这个地名是否与胡人有关？民间流传着多种说法。

胡家庙地铁站文化墙

相传唐代安史之乱爆发后，胡家庙这个地方居住的胡姓族人被满门抄斩，后来人们为了纪念这一胡姓家族而修了庙，“胡家庙”因此得名。另一个传说是，明朝有一个叫胡大海的外地富商，因在老家惹上官司就拖家带口来到此地，买地建房之外，还修起了祭祀祖先的祠庙，这里逐渐成了繁华的所在，胡家庙这个地名也随之广为传播。

相比之下，人们更愿意相信第三种说法：元代时，胡家庙所在之处称胡家街，是安西王府门前最繁华的街市，因其中经商之人多为西域胡人而得名，后来这里建起了一座观音庙，胡家街因此改名为胡家庙。

安西王府是历史上的真实存在，意大利著名旅行家马可·波罗所著的游记里有过记述。元朝至元十二年（1275年），马可·波罗来到西安——当时的西安及其附近所属地区叫作京兆府。他看到的安西王府建在城东，方圆十六里，四周围着高而厚的墙，墙上建有垛口，作防卫之用。高墙之内就是王府的花园和宫殿。花园内草木葱茏，清溪流泉，还饲养有许多飞禽走兽。花园中耸立着华丽无比的王宫，殿堂楼阁皆用大理石砌成，上面装饰着美丽的图画和闪闪发亮的金箔，堂皇华丽可媲美皇宫。

可媲美皇宫是自然的，因为安西王府的主人是位皇子。史料记载，元朝至元九年（1272年）十月，忽必烈封第三个儿子忙哥剌为安西王，赐京兆为封地，驻兵六盘山。京兆就是元代的关中，曾是忽必烈为皇子时的旧封地。第二年，忽必烈又加封忙哥剌为秦王，并下旨在西安为其修建王宫。安西王宫位于浐河附近，有东、西、南三门，城四角为圆形，看上去就像蒙古人在草原上所住的穹庐。显然，安西王府在汉制建筑的风格中融入了蒙古元素。

元朝的建立者和历代统治者皆为蒙古族人，他们世代生活在草原上，过着居无定所的日子。入主中原之后，蒙古文化受到了汉文化的影响，他们也开始修建起了皇宫和王宫。原本皇子们的住所也是流动的，元太宗窝阔台在修建了和林宫和皇宫后，下令为皇子在皇宫四周建造王府，从此元朝历代皇子开始拥有了固定的住所。

“忙哥剌”在梵语中是“幸福”的意思。安西王忙哥剌生前只享受了有限的荣耀——安西王府建成不久，忙哥剌便去世了，他的儿子阿难答继承了安西王位。“阿难答”梵语意为“欢喜”，然而阿难答的人生却是个不折不扣的悲剧。小时候他被父亲送给回教徒抚养，后承袭王位，成为皇位备选人之一，最终却在皇位争夺战中败下阵来，被赐死。

悲剧到此并未停止。阿难答死后，他的儿子月鲁帖木儿没能承袭安西王位，后来通过发动政变才当上安西王。仅仅几个月之后，情况又发生了变化，月鲁帖木儿被流放云南，九年之后被杀。

安西王宫从此成了“故宫”，最终在元末的战乱中化为一片废墟，至今只留下一些残存的痕迹，比如现藏于陕西历史博物馆中的一级文物——幻方铁板。幻方铁板共有五块，在安西王府遗址的宫殿夯土台基中被发现，它们的形状为正方形，上面有六行、六列的格子，格子中分布着用阿拉伯文写成的1至36的数字。这些格子和我们在数学上常做的趣味题一样，横行、纵列和斜对角的每六个数字相加，都等于111。正因如此，它们被称为“幻方”，意思是像魔方一样神秘而富于变幻。

幻方铁板

幻方铁板与现代阿拉伯数字对照图

幻方铁板代表着西方的数学发展水平，其实我国古代的数学很早就发展到了很高水平。西周时，产生了二进位制的萌芽，17世纪德国数学家莱布尼茨受此启发，发明了二进位制数学体系和最初的计算机，他认为二进位制的发明权属于中国。

公元前11世纪，中国的商高就在当时周朝的首都丰镐（今西安）精辟地阐述了勾股定理。汉代长安（今西安）诞生了著名的数学著作《九章算术》，书中记载了开平方和开立方的方法、一元二次方程及联立一次方程的解法，这比欧洲同类算法早了成百上千年。另外，书中关于负数的概念、正负数的加减法的记载，也是世界数学史上的首次。

幻方铁板是阿拉伯数字传入中国的最早物证，也体现了13世纪伊斯兰文明与元代中国之间的交流，同时也让我们从侧面看到了元代人民的信仰与风俗。

元代人将人严格地分为等级，在文化宗教上却显得相对宽容。成吉思汗不信宗教，他的子孙们就按各自所好选择宗教信仰。幻方铁板上的阿拉伯数字，显然意味着当时的安西王忙哥剌受到了伊斯兰文明的影响。蒙古西征后，很多王族中人开始信仰伊斯兰教，同时大量的穆斯林也开始来到东方。

奇怪的是，史料中并没有忙哥剌和阿难答信仰何种宗教的明确记录，那为什么安西王府的地基中会埋入幻方铁板呢？有研究者推测，很可能是曾经侍奉安西王、为其推算回回历的伊斯兰天文学家可马剌丁铸造了幻方铁板。

虽然如此，并不能说明安西王府的主人及其建造者对古代的数学研究感兴趣，当时的人们认为幻方铁板具有神秘力量，埋在宫殿地基中可以避邪消灾。元代的宗教信仰比较多元，除了道教、佛教、基督教、伊斯兰教等主流宗教之外，人们还信仰带有巫术的萨满教，因此我们才得以在后世见到幻方铁板，了解一个汉唐盛世以外的元代西安，感受古丝绸之路上的胡风胡韵。

遥想元时的胡家庙，依傍着豪华奢侈的安西王府，宽阔笔直的街道与其他街道交错纵横，街道两旁遍布店铺、客栈、酒楼、茶坊。街上行走着的很多人，穿红、紫、绿等色彩艳丽、绣有日月龙凤等纹饰的长袍，这是蒙古族的服装。店铺里，有人买东西时，不再只是掏出笨重的金银，而是随身携带着大如手掌、上面盖有皇帝玉玺的轻便纸币。如果下馆子，可以吃到极富特色的手擀面“秃秃麻食”和手搓面“马乞”，还可以喝到马奶酒和一种名叫“纳石”的蒙古茶……

叁

那些逝去的真实

『端履门』

明代官员“刷脸”上班

端履门是一条街，位于西安东大街中段南侧。说起来有趣，这里曾是明代官员们“刷脸”上班的地方。

明洪武二年（1369年）三月，朱元璋称帝的第二年，大将军徐达率军攻占元大都后，渡过黄河进入关中，改奉元路为西安府。汉唐时的长安自此变成了西安。又过了一年，朱元璋封他的第二个儿子朱樉为秦王，进驻西安府。

当时的西安城为宋元旧城，格局促狭。秦王驻守此西北重镇，必然要有王府、官署，此外还有数量庞大的驻军。因此，从洪武四年（1371年）到洪武十一年（1378年），整整七年时间，朱元璋下令对西安城进行扩建，并且修建了秦王府。

扩建后的西安城比宋元旧城大了一倍多，明秦王府更是修建得整肃庄严、华美宏丽。整座王府占地千余亩，王府外建有城墙，开有四门：东门为体仁门，西门为遵义门，南门为端礼门，北门为广智门。四座城门融入了儒家传统文化“仁、义、礼、智”的理念。

端礼门建在萧墙上，与外墙上的灵星门相对。萧墙是什么墙呢？西周及春秋战国时期，君主宫室一般面南而建，用来分隔内外挡门的小墙就叫萧墙。古时“萧”通“肃”，就是肃敬的意思。大臣先要经过萧墙，肃整仪容后才能进入宫室面见君主。

明秦王号称天下第一藩王，在西安府的地位最高，官员们进入秦王府也要遵守规矩。要进入秦王府办理公事，他们必须由灵星门进入，然后在端礼门旁边的朝贺堂“刷脸”，检查自己的衣冠鞋履是否整齐合规，然后等候传唤。

不要小看这个上班前的“刷脸”，因为古代对于官员的穿着有着严格规定，不小心穿错衣服可能就会被治罪。明代文武官员的服装有祭服、朝服、公服、赐服和常服之分。最为尊贵的祭服只有在祭祀时才能穿，朝服在国家大典时穿，公服用于早晚朝奏事、当班、谢恩等场合穿。赐服是皇帝特别恩赐给有功之臣的，有蟒袍、飞鱼服、斗牛服等。常服就是日常办公所穿，形式较为简便，主要由乌纱帽、团领衫和束带三部分组成。

官员的身份主要体现在束带上，不同品级的官员，束带材质各不相同，从一品到九品有玉、花犀、金、银、乌角等。明洪武二十四年（1391年），官员的服装上开始用“补子”来显示身份品级。补子是缀于官服前胸后背处的一块绣品，文官绣禽、武官绣兽，不同的官阶用不同的飞禽走兽来区别。后来，补子被清代沿用。

清一品文官官服补子仙鹤

清一品武官官服补子麒麟

除了衣服，明代对于人们所穿的鞋也有严格规定。文武百官和皇族都可以穿着黑面白底的皂靴，而普通百姓、商人和手工艺从业者等底层民众不得穿靴。不过，官员的皂靴虽然款式与皇帝相同，但在做工、用料方面还是有差别的，最明显的区别是皇帝的靴子用金线缝合。

那么明代关于官服的规定是如何来的？朱元璋上台后，上采周汉，下取唐宋，对服饰制度进行了很大调整，元代遗留的发式、服装一律禁止，以复现汉人威仪。服饰制度的规定，只是朱元璋集中权力的一个方面。

服饰与身份等级挂钩的现象，可以追溯到商朝。商朝奴隶主的服装质地优良、色彩艳丽，而奴隶的服装则用料粗劣，色调单一。到周朝，服饰等级制度已逐渐完备。《周礼》规定，祭祀或朝会时，帝王百官必须穿着冕服和弁服，不同身份的人，衣服形制不同。这时候的服装多为上衣下裳，到了战国时期，出现了将上衣下裳缝合在一起的“深衣”，以及由短衣、长裤和靴组成的胡服。

秦始皇统一六国后，崇信“五德终始”说，五行中“金、木、水、火、土”分别对应五色“白、青、黑、赤、黄”，秦始皇自认以水德得天下，所以黑色成了秦朝的流行色。

东汉明帝融合秦制与三代古制，确立了汉代服饰制度，对于冠冕、衣裳、鞋履、佩绶等都做了更严格的等级规定。

魏晋乱世，人们礼法观念淡薄，衣着服饰的风格也变得多样化，各民族的服饰开始出现互相吸收、融合的趋势。可以看到这样一种场景：少数民族的人们喜欢上了汉族服装，而汉族男女则热衷于尝试胡服。

秦朝以前，历朝历代以及各国的君主们所穿的朝服颜色并不统一，为了显示自己与众不同，皇帝们穿的是五颜六色，异彩纷呈。在礼制森严的周朝，有天子着青衣、红衣的记载，服饰颜色并没有硬性规定。汉代起初沿袭秦朝做法，朝服以黑色为主，到了汉文帝时期，黄色成了龙袍主色，以后历代沿用。不过汉代的平民也可以穿黄色，服饰颜色并没有特别硬性的规定。及至唐朝李渊当上皇帝后，定了一条规矩：平民不许穿黄色服装，黄色至此成了皇家专用色。不过也有例外，宋朝、明朝的皇帝也有穿红色龙袍的。到了清代，龙袍才成了清一色的黄。

虽如此，在明秦王府“刷脸”上班的官员们大可放心，即使穿了皇帝所穿过的红色，也并不会被杀头。明朝官员的常服颜色没有严格规定，可以是红色、青黑色、青色，也可以是绿色、褐色。

清朝取代明朝后，对西安城再次进行了扩建和改建，将秦王府的四门改为五门，端礼门南移后改为了“端履门”。在漫长的岁月里，秦王府和端履门都已不复存在，只留下一个叫端履门的地名，辉映着往昔。

透过端履门这个名字，我们看到了一座城市的过往，看到了古代官员打卡上班的日常，也看到了古代服饰文化的一角。具有五千年历史的服饰文化，是中华传统文化大家庭中的一员。历尽风云变幻，我国古代服饰始终不脱中华民族固有本色，它的美来自天地万物的启悟，它的色彩与纹饰打下了鲜明的阶级社会的烙印，是历史的见证和记录。

中国古代服饰史，也是中华民族的历史。

「金花路」

白头宫女在，闲坐说玄宗

西安华清路以南，东二环的路段名为金花路，这个带着贵气之美的路名，据说源自一个叫作“金花落”的古村。“金花落”三个字读出来，就像在眼前播放了一段精美的视频短片，金色的花朵缓缓落下，瞬间的繁华过后，是寥落和寂静。

“金花落”古村又有何来历？传说当年八国联军入侵北京，慈禧太后来西安躲避战乱，途经东郊一个无名小村时突发奇想，顺手拔下头上金簪扔在地上。捡到簪子的那位农妇苦寻失主不得，于是上交到咸宁县衙，后又上交西安府，几经辗转，金簪终于回到慈禧手中。经过这一番验证，慈禧方才相信传闻不虚，西安的确民风淳朴。

这是故事传说，姑妄听之。据方志记载，金花落古村所在之地，是唐兴庆宫中一处小小的宫苑，名为“金花落”。“落”在唐代指宫女的居所。金花落便是兴庆宫中宫女住的地方。

宫女是古代女性群体中神秘又特别的一类。她们本是女儿家中的佼佼者，秀美聪慧，只因某种幸或不幸的机缘，在人生最美的年华被选入深宫，无缘寻常女子相夫教子的安稳幸福。除了极少数的幸运儿能够升级为女官、嫔妃，大多数宫女终其一生都在孤寂、沉闷中度过，宫廷的繁华将她们的哀伤反衬得那么鲜明。因身份卑微，很少有人会关注她们，只有一些心怀悲悯的诗人用纸笔记录她们的生活，写下一首首宫女诗，代她们发出心灵的呐喊。

如同宫女孤寂美丽、自开自谢的生命之花一样，有宫廷诗、宫体诗、宫词之别称的宫女诗，在古代诗歌史上也被遗忘在少有人知的角落，而大量写作宫女诗、被称作“宫词之祖”的王建，也有着相似的命运，他被唐代诗坛众多大咖们的光华所掩盖，成了一个非著名诗人。

处境相差不多的人，悲欢相通的概率总会大些。王建出身寒门，父母早逝，十九岁离家求学，与同窗张籍结为知交。在漫长的三十年时光里，王建过着四处漫游、客居他乡的生活。他当过州郡长官的幕僚，也参过军，到中年才第一次做了官，任昭应（今陕西省西安市临潼区）县令，此后一直担任低微官职。王建最后的官职是陕州司马，世人称“王司马”。

生活在泥泞中很苦，但这也让王建看到了社会和人生的真相，他将自己的遭遇与民众疾苦融合，与张籍一起，写出了一首首在写实中藏着讽喻的乐府诗，世人将张籍、王建并称“张王”。后来大诗人白居易从“张王”乐府诗中受到启发和鼓舞，开创了唐诗新乐府运动，成就斐然。

王建总能以独到的视角，发掘被常人所忽视的写作素材。王建有一位同宗亲戚叫王守澄，是皇宫中的宦官。唐代宦官可以任职，王守澄曾担任枢密使。日常工作就在皇宫中，王守澄对宫廷之事自然知道不少。闲聊时，王守澄常常带着一点炫耀的口气，向王建说起宫中种种。在这些谈资之中，最触动王建的是宫女们的生活、情感和命运。

就像白居易被贬江州时与受丈夫冷落的琵琶女能够产生情感共鸣一样，王建对无法掌控自己人生的宫女们的无助、压抑、幽怨的处境感同身受，他借助这些间接的素材写下了一百零二首《宫词》，每首诗都是独立的七言绝句。这些诗句平易、朴素，纯用白描写实的手法，描绘了唐代宫女们的内心世界和日常生活，由此弥补了正史忽略遗落的部分，也为诗歌史添上了不可或缺的一笔。

其实在王建之外，还有很多著名唐代诗人都写过宫女诗，比如王昌龄、李白、李贺、元稹、白居易、杜牧、陆龟蒙、花蕊夫人等。带着韵律与诗意之美的字字句句，连缀成深宫大院中宫女们的心灵生活图景，也为后世研究唐代宫女生活打开了一扇扇窗。

唐代宫女们是如何进入宫廷的？大多源于采选。早在东汉时，就有采选良家女子进宫的做法，以后历代沿袭。唐玄宗时，有了专门负责采选宫女的宦官，名叫“花鸟使”。花鸟使肆意搜寻美且慧的女子，不顾她们意愿直接纳入宫廷。可怜这些正值妙龄的女儿家，很多还没有享受过爱情的美好，便硬生生承受骨肉分离之痛，一入宫门深似海，此生与家人或难再相见。

也有犯了罪的人家的女性后代，被迫进入宫廷服役，比如上官仪被武则天杀害后，他的孙女上官婉儿随母亲被配入掖庭为婢，后来上官婉儿凭借超强实力当上了女官，最终进入权力中枢。有时候，朝廷会下令征召某些有特别资质的女子入宫为宫女，这些人或有绝色姿容，或工于诗词文学，或擅长音乐舞蹈……还有一些利欲熏心的臣子，为了博取上位，主动进献自己的妻女进宫。

宫女进宫之后，会被分为两批，没有特别才能的一批负责皇宫内的日常事务，另一批有才艺的则比较幸运，是宫廷娱乐活动担当。与之对应，宫女们的日常生活也因此不同。

负责皇宫日常事务的宫女，就做一些俗务和杂役，洒扫庭院，缝制、晾晒、熨烫、整理衣物，轮流值班，这些都是常规工作内容。机动性的工作则是多种多样，比如游湖时撑船、天冷时暖屋、天热时摇扇、夜晚捧烛、敲鼓定时等。

相比之下，贴身服侍皇室成员的宫女，上升的机会更多，但同时心理压力也更大。她们除了照顾所服侍之人的生活起居，还需要在宴席上陪侍左右，学习酒道和茶艺。文化层次较高的宫女，会承担“叠花笺”“呈稿本”等事务，如果表现够好，将有机会获得升迁。

从事宫廷娱乐活动的宫女，主要工作内容是乐舞演出和杂技表演。唐代乐舞非常发达，有时候大型集体舞有数百名宫女参与演出。唐代宫廷中还流行一种用人排成字形的“字舞”，最著名的字舞《圣寿乐》由一百四十人头戴金冠，身穿五色衣，每变一次队形摆成一个字，共摆成十六个字：圣超千古，道泰百王，皇帝万年，宝祚弥昌。可以想见，那场面是如何壮观。

除了字舞，唐代宫廷的集体舞还有花舞。花舞有两种表演形式，一种花舞是舞者手持花朵起舞，或者舞者将身藏于花中，随乐曲适时自花中出现，让观者眼前一亮；另一种花舞与字舞类似，舞者身着彩衣变换队形，排布成花的形状或花字。

唐壁画《宫女图》

唐永泰公主墓前墓室东壁南侧有一组描绘了九位风姿绰约的宫女图像，即《宫女图》。宫女们手捧方盒、酒杯、拂尘、如意、团扇、蜡烛等，在为首女官的引领下款款而行，或低语，或回顾，或凝思，仪态被描绘得细致入微、生动传神

唐代歌舞艺术的代表作、唐玄宗与杨贵妃领衔的《霓裳羽衣舞》，如果少了宫女们的参与，恐怕也就无法产生那样令人震撼的艺术效果。

乐舞表演是惊艳，杂技表演则是惊险。唐代宫女最常表演的杂技是戴竿和绳伎。戴竿就是一人用头或额顶着大长竹竿，其他表演者沿长竿爬上，在半空做出种种高难度动作，看得人心惊胆战，不由为这些身姿窈窕的表演者们捏一把汗。与戴竿同样惊险刺激、大受欢迎的就是绳伎表演，其类似于现在的走钢丝。体态轻盈的宫女们穿着锦绣彩衣，走在高悬空中、几乎隐形的绳索之上，气定神闲，翩跹若仙，更妙的是她们还能在绳索上做出各种奇险动作，比如跳起空翻之后再稳稳落在绳上，令人叹为观止。台上一分钟，台下十年功。表演乐舞杂技的宫女们，以日复一日的勤学苦练，换来了舞台上的高光时刻。

当然，宫女们的生活不只有工作，宽容开放的唐代宫廷也有人性化的一面，宫女们在完成自身职责之外，可以根据特长和兴趣学习文化课或者练习书法，也可以玩一些休闲游戏，比如打马球、下棋、投壶、斗百草、射粉团、荡秋千……那是人生难得的片刻欢娱，是闪闪发亮的记忆珍藏，那时候的她们，才能真正感受到生而为人的自由和尊严。

在一眼见底的人生中，青春消磨，岁月忽晚，苍颜白发的她们，旧日熟识的伙伴已经不多。有人高升，有人出家，有人放归，而留在宫内的女子，则随王朝的宫殿一同老去。当繁花着锦、鲜衣怒马的盛唐已然远去，兴庆宫成了古旧行宫，金花落与落中之人又去了哪里？元稹在《行宫》一诗中写道：

寥落古行宫，宫花寂寞红。

白头宫女在，闲坐说玄宗。

这首宫女诗写的是上阳宫中之事，也可视作对兴庆宫和金花落的追忆。

随着大唐王朝成为历史，金花落早已随兴庆宫湮没在时空之中，只留下一个名叫金花落的古村，在后世演变为一条车水马龙的道路。沿着宫女诗的字句，向金花路的源头遥望，一个个深宫女子凄美的背影仿佛依然鲜活如初，除了慨叹，我们能做的，就是珍惜、致敬当下这个平等、自由的伟大时代。

『教场门』

剑花弓月，意气盈三军

西安，是李自成皇帝梦开始的地方。

清崇祯十六年（1643年）十月，李自成率起义军攻破西安城，建立了大顺政权，将西安之名改回长安。他将明秦王府作为临时行宫，在西安修城墙、改官制、定服色、建学校、纳贤才……在为新生王朝做着种种准备之时，李自成也不忘操练兵马，要真正坐上皇帝之位，他还需要进军北京，彻底断掉大明最后一口呼吸，才能拥有天下。

练兵之地就便使用明朝在西安所建的演武场。演武场也称教场、校场、练武场等，是古代军队练兵习武的专门场所。原唐皇城承天门外第一横街，地势平坦开阔，用来练兵非常适合，明王朝便将一处演武场设在了这里。

演武场中心，兵士肃然而立，静待听令。场边的兵器架上，各种武器在阳光下发出凛然寒光。大顺的旗帜在旗台上飘扬，李自成站在阅兵台上扫视全场，他神色凝重、目光威严，练兵历来为重中之重，这样的时刻，无论对于他自己还是兵将，都意义重大。

古代是如何练兵的呢？不同朝代、不同将领有不同的方法。明朝著名的抗倭将领戚继光在他的著作《练兵实纪》中总结了自己四十多年军旅生涯中积累下来的练兵经验。练耳目、练手足、练伍法、练胆气，是最基本的训练内容。

什么是练耳目？就是训练士兵学会明确辨别和领会金鼓、旗帜等付诸听觉和视觉的作战指挥信号。晚上打仗看不见，就用金鼓指挥，击鼓进攻，鸣金收兵，是最基本的常识。白天打仗主要靠旗帜指挥。古代中国军队的旗帜主要有联络旗、号旗、阵旗、将旗、牙旗等。

联络旗用于前后军之间的联系。前军举青旗，表示有山林障碍，需要开道；举红旗表示遇到高山峡谷，需要提防敌人有埋伏；举白旗表示遇到敌军，需要迅速集结兵力、摆开阵形迎战（举白旗表示投降是近代以后才有的含义）；举黑旗表示路遇沼泽或溪流；如果后方军队看到黄旗，可放心大胆行进，因为这意味着前方一马平川、畅通无阻。

号旗指示冲锋的方向，号旗在哪里，士兵们就冲向哪里。阵旗是阵法的灵魂，将旗则是整个军队的核心，各营的将领都在将旗之下，一旦将旗倒下，便意味着这支部队已完全覆没。牙旗的尺寸最大，也最为重要，一般的牙旗都绣着主帅的姓名，比如岳飞的岳家军，牙旗上就绣一个“岳”字，这也是我们经常在古书或古装电视剧中看到的画面。

练好了耳目，学会识别各种指挥信号，接下来就是增强自己实力的时候了。士兵们需要实打实地操练拳脚与武艺，不断提升自己攻打厮杀、防守进退的实际技能。手足练得越扎实，战场上取胜的可能性就越大。

如果是多兵种联合作战，还要进行队列训练。骑兵、步兵、车兵如何恰如其分地各守其位，如何排列分布，如何相互配合，这些都要进行不断地演练，才能在真正作战时井然有序，不至乱作一团。

任何事情的成功，都需要由内因和外因共同起作用，作战也一样。练耳目、练手足、练队形都只是外因，要真正取得作战胜利，最根本的在于人。所以戚继光提出，要严明军纪、赏罚分明，这样士兵才会服从指挥，另外在思想上也要不断为士兵加油打气，使士兵怀揣一颗勇敢的心走上战场。

李自成一向重视练兵，不知他练兵时是否吸收了戚继光的做法，只知他在西安演武场练兵之后，一路所向披靡攻破北京，随着崇祯皇帝在煤山自尽，大明王朝灭亡。

李自成的皇帝梦实现了，但这个美梦却短暂而易碎，随着清军的铁蹄踏入关内，李自成也免不了事败身死，他领导的起义，只是明清易代之间仓促而又不容忽视的过渡。天下成了大清的天下，西安城也自然被清军占领。李自成当初练兵的演武场，变成了清军的“抚标教场”，是陕西巡抚领导的绿营兵的专属训练场。

什么是绿营兵呢？清军在战胜明军的过程中，将陆续收编的明军按照原有编制组建成营，以绿旗为旗号，称为绿营。因明末军队编制混乱，所以绿营的编制也较为混乱，随意性很大。

起初，绿营兵只是清军中八旗兵的助手，在作战中主要配合八旗行动。后随着八旗的衰落，绿营兵渐成主力。随着时间的推移，绿营兵制的缺陷越来越明显，再加上腐败现象严重，绿营基本上失去了应有的战斗力，最终在清末沦为地方治安力量。

相比绿营，八旗可以说是地位高贵。清太祖努尔哈赤根据满族人的狩猎习俗创立了八旗制度。最开始，他将自己领导的子民分为黄、白、红、蓝四旗，后来又增加了镶黄、镶白、镶红、镶蓝四旗，原本四旗分别改称为正黄旗、正白旗、正红旗、正蓝旗，将后金管辖的所有人都纳入旗内。

八旗子弟都有服兵役的义务，正黄、镶黄、正白三旗，属“上三旗”，由皇帝直接统领，其余五旗由王公、贝勒们统领。清军入关时，八旗是军事主力，后来因种种原因战斗力下滑，八旗不得不将主要地位让给绿营，到了清末，八旗似乎只是一个身份的标志，与带兵打仗已没有太大关系。

与李自成相比，清王朝算是非常强大了，但也免不了消亡的命运，只有西安这片土地世代存续，记录着沧海桑田、风云变幻。李自成练兵之处、清代的抚标教场早已不见，如今只有一个叫作教场门的街道，提醒世人这里曾经发生过的一切。

教场门在莲湖路中段南侧，东起红埠街，西至劳武巷南口。这条小街只有短短的三百多米，却曲折蜿蜒，似有太多故事要讲。

想当年，演武教场上，将士们手起手落之间，挽剑成花，拉弓如月，一声声呐喊，豪壮意气满盈三军。无论何时，军队总是一个国家和民族安定完整的屏障。平凡如你我，如果能在看到教场门这个街名时，生出想要探寻古代军事文化的欲望，生出愿意保家卫国的豪情，也不枉费历史的一番苦心。

『习武园』

围观古代武举考场与阅兵式

当今时代，高考的竞争激烈程度自不待言，其实古代科举考试也一样“内卷”。有些文化课不好的考生，除了参加我们通常所说的科举（文科举）考试，还可以参加武举考试，让自己的人生多一种选择。

不过，这种机会不是人人都能得到，因为武举考试不是自古就有，而是在长安二年（702年）才设立的。

武则天称帝后，担心长期处于和平环境中的人们忘记战备训练，就特意开设了武举考试，这是个好消息，追求仕进的人们又多了一条路，但要真正通过考试也不容易。

当时的考试项目主要是射箭和举重，另外还考马上使枪和负重。马上使枪考试，需要考生手持长一丈八尺、重八斤的枪，骑在马上用枪去刺木头人，如果能刺中三板或四板，成绩就算优异。负重考试是让考生身背几十斗米走步，走的步数越多，说明体力好、耐力强，成绩自然也高。除了这些，唐朝的武举还有附加题，比如测试考生会不会使用筒射、机弩这些特殊兵器。

在考查实力的同时，面试也必不可少。如果考生身材魁梧伟岸、强健壮实，就会获得加分，有可能被优先录取。

唐朝的武举考试只考武艺和体力，没有文化课的考查，这就导致很多通过武举选拔出来的人才不大懂兵法，到了战场上劣势一下子就显现出来。为了避免这个弊端，宋朝改变了武举考试科目设置，除了考射箭和马上使枪等，还考兵法、边防策略、法律等内容，后来渐渐固定下来，每三年举办一次武举，也依照文科举的做法，设一、二、三等武进士。

按说这样文武兼备的考试，效果应该很好。但宋朝重文轻武比较严重，武官地位很低，很多选拔出来的武进士并不愿意去行军打仗，而是选择与文科进士一样，去文官系统工作。这样一来，就导致军队里缺少真正懂兵法又武艺高强的将领，这也是宋朝军事力量薄弱的原因之一。

元朝灭掉宋朝以后，对文科举都尚不重视，更别说武科举了。再者，元朝人都是蒙古族人，长年在草原上生活，骑马射箭根本不在话下，他们自己不用学习考试，也担心汉人学习武术兵法对自己不利，所以干脆就没有设置武举一科。

当天下的主导权交到明朝手里，情况又起了变化。明朝非常重视武举，考试制度也效仿文科举，设有乡试和会试，武举生员称作“武生”。明末社会动荡不安，崇祯皇帝又设置了武举殿试，由皇帝亲自监考确定一甲第一、二、三名，一甲第一名称武状元。

清朝的统治者习武出身，因此对于武举的重视达到了空前的程度。最初，清朝的武举沿袭了明朝的做法，不过武举只针对汉人，因为八旗军官为世袭制，根本不用参加武举考试。随着八旗军事力量的衰弱，从雍正时期开始，满人也可以参加武举。清朝的武举考试与文科举完全相同，也分乡试、会试、殿试，殿试一甲前三名也有状元、榜眼、探花之称。

如此一来，武举考场就成了孵化梦想的神圣之所。如今西安尚武门（俗称小北门）内西北三路西侧，有一条名叫“习武园”的小街，这里在清代建有一座习武园，为武举考场。据史料记载，清初的著名将领、西安府长安县（今西安市长安区）人梁化凤，就是在习武园的武举考试中胜出得中武举人，从而拿到了进京会试的资格，最终高中武进士。

武举考试是隔期举行，在不考试的日子里，习武园自然不能闲置，理所当然成了清军阅兵练武的场所。康熙四十二年（1703年），康熙皇帝到西安来巡察，西安驻军在习武园举行了盛大的阅兵式，康熙帝观看之后曾满怀感慨地在《长安行》中写下这样的诗句：“大阅三军训甲士，来朝诸部趋藩王……”

时值盛世，阅兵式必是气势震天。这不禁让人想问：古代的阅兵式是何时产生的？每个朝代的阅兵式都是一样的吗？

上古时期，黄帝在“阪泉之战”前夕、大禹在涂山会盟之时，都举行过庄重的仪式，人们认为这是阅兵的雏形。周朝的国君原本每年都要举行四次大规模狩猎，后来狩猎活动就渐渐演变成了军事大检阅。不过，先秦的这种军事检阅仪式不叫阅兵，而叫观兵，金文就有“观兵”的字样，很多典籍中也写到了“观兵”。

春秋时期，诸侯国阅兵成了家常便饭。史书记载鲁国曾举行过一次阅兵式，但这次阅兵的时间选择并没有按惯例进行，显得非常随意和莫名其妙。有人说这是鲁桓公为了取悦他的夫人文姜才举行的阅兵。不过，这似乎并没有挽回美人冰冷的心，文姜与齐襄公私通的事败露后，鲁桓公被齐襄公所杀。

相比周朝一年四季都阅兵，秦朝的阅兵式堪称极简——只在秋季阅兵，此后历代沿用，宋代辛弃疾词中就有“沙场秋点兵”之句，点兵就是阅兵。汉朝起初将阅兵叫作“讲武”，“阅兵”这个词出现时，已经到了东汉末年曹操掌权时期。那时的阅兵，一般都选在农历十月举行，曹操亲自鸣金击鼓，发号施令，一时威震天下，其欲揽天下于怀中的雄心也暴露无遗。

唐宋时期，阅兵仪式举行得非常频繁。唐太宗、唐高宗执政时，几乎每年都要进行大阅兵。唐玄宗时期，阅兵式竟然出现在了进士的考题之中，古籍《文苑英华》中录有当时的两篇《大阅赋》，也算是唐代阅兵式的文字版“现场直播”。

用文字对阅兵式进行“现场直播”的，不只唐朝文人，宋代诗人陆游在《成都大阅》一诗中这样描述他眼中的阅兵典礼：

千步球场爽气新，西山遥见碧嶙峋。
令传雪岭蓬婆外，声震秦川渭水滨。
旗脚倚风时弄影，马蹄经雨不沾尘。
属櫜缚裤毋多恨，久矣儒冠误此身。

秋高气爽中，阅兵场阔大无比，青山是美丽雄壮的背景，场上马蹄声声、旌旗猎猎，号令声震天动地，远播四方，这让本就属意刀马生涯的陆游，生出更强烈的上战场的渴望。

明朝和清朝的阅兵制度大体相近，基本上每年都会检阅军队，每三年一次大型检阅。古代阅兵的现场究竟是怎样的一种景象？那时没有照相机和摄像机，仅靠古籍中的文字记录，我们还难以进行鲜活生动的想象和复原，但庆幸的是，清代有一些画家，用画笔为后世定格了阅兵式的盛大场面。

清乾隆四年（1739年），二十九岁的乾隆皇帝首次在南苑检阅八旗部队，后来由诸多宫廷画师将那次阅兵的场景绘制成了四卷《乾隆皇帝大阅图》。高六十八厘米、长十五米的画面上，共绘制了一万六千名官兵，八旗部队从左到右，按镶蓝旗到正蓝旗的顺序排列。每个八旗大方阵之间，都有一个八旗小方阵。每个方阵之中，领队身着特殊服装，所有将士都面向皇帝而立，队形的分布尽力让每一个人的视线都能触及皇帝。

乐队和鼓号队散布在每个方阵之中，因为阵营太大，古时又没有扩音器，只能以这种方式才能确保每个将士都能明白无误地听到指令。

军队方阵排列在两边，中间留出的宽大通道供皇帝的仪仗队通过。乾隆的仪仗队开始经过阅兵场，整个仪仗队前有开道队伍，后有骑兵围成“U”形护卫，另外还有弓箭手护卫。年轻的乾隆皇帝被拥围在中间，穿着金黄色戎装骑在白马之上，身佩弓箭宝刀，王者风范尽显。

依照《乾隆皇帝大阅图》，我们可以推想当年康熙皇帝在西安习武园阅兵的场景。习武园这个古老地名，成功引起了今人对古人的探索兴趣。

【清】郎世宁《乾隆皇帝大阅图》（局部）

如果想进一步了解武举和武术，可以继续从古书、古画中寻找线索。

无论是武举还是阅兵式，都是我国古代军事文化的一部分，也是中华传统文化中的一部分。古城西安，随处散落着这样的传统文化的蛛丝马迹，只等有心人来挖掘出更多的宝藏。

『马厂子』

请查收来自唐朝的快递

生活在唐长安城是一种怎样的感受？幸福指数大概与生活在现在的西安城不相上下：可以去西市逛街淘宝，挑选外国人现场带货的外国商品；可以去东市开眼界，见识一下高端奢侈品；可以去玄都观看桃花，去城中各处遍访牡丹；还可以去曲江池、大雁塔……

更重要的是，对于已经习惯网购的现代人来说，在唐朝的长安城还可以收发快递。不信？有诗为证：

一驿过一驿，驿骑如星流。

平明发咸阳，暮及陇山头。

这是唐代著名边塞诗人岑参所作《初过陇山途中呈宇文判官》中的诗句。驿站一个接一个，从驿站出发的人马快如流星，清晨从咸阳出发，晚上就已经到了甘肃与宁夏交界处的六盘山。这速度与今天的高铁有一拼。

也许你觉得诗人的话有些夸张，不足为信。那么西安还有一个地方可以证明——在东大街南端有一条长约五百米的宽敞小街，叫马厂子。

这一带在唐朝时是京兆驿站的养马场。京兆驿站是当时全国最大的公文邮件和官旅护送机构，实际上就是国家最高级别的快递公司。

唐朝的快递站点——驿站，最多时全国有一千六百三十九个，各驿站设有驿舍，也就是快递办公场所，并配有驿马、驿驴、驿船等。水路、陆路的驿使加起来共有两万多人，规模直追现代。

这么庞大的快递系统如何管理呢？唐朝法律中有专门的规定：驿使送快递时，每经过一个驿站都必须换马，否则就会杖责八十；如果快递超时，或是应送而未送，杖责一百；文书晚到一天杖八十，晚到两天杖责加倍，以此类推，最严重的要有牢狱之灾；如果延误了重要的军事情报信息导致战争失败的，会被判处死刑。

更令驿使崩溃的，是唐朝政府关于运送速度的规定：普通物件每天至少要送出一百八十里，重要文件每天要送出三百里，如果是皇帝发布的命令，每天必须送出五百里。一天五百里，对于没有飞机高铁的唐朝人来说，真是飞一般的速度了。

看来那时的快递业还是个高危行业，要求高又严，弄不好还会被杀头，不过也不用太过担心，政府给予快递业的支持力度还是很大的。

以长安为中心，唐朝政府在全国修建了八条快递专用“高速公路”，这些“高速公路”和各州县之间也有路相通。驿站设置也相当密集，每隔二十里一个，这些驿站不但能够办公，还能够提供快递员的食宿，负责马匹的更换，功能类似现在的高速公路服务区。这些快递专用高速公路其实是“环保利用”，都是以前秦汉时期遗留下来的“驰道”。秦汉时期的驰道宽度近七十米，在这样的道路上人马飞驰，速度有多快呢？当年汉昭帝驾崩，海昏侯刘贺受霍光之邀主持丧礼，约三个小时行了一百三十五里路，累死了好几匹马。

交通这么发达，秦汉时期的快递业当然也差不了。当时的快递有步送、车送、马送三种，还有特快专递叫“驰传”，驿使中途休息、换马之处叫“传舍”“馆舍”“邮亭”等。汉高祖刘邦曾做泗水亭亭长，也就是快递站点的负责人。

那么，中国最早的快递是不是出现在秦汉时期呢？不是的。甲骨文中就已有了驿传的相关记录，就是说在商朝时，地方上发生的事会通过驿传送达都城，这可看作最早的快递。到了周朝，道路更加宽阔，全国交通网络基本形成，当时的交通主干道叫“周道”，周道两侧种着树，每隔十里挖一口供驿使饮水的井，每隔二十里建一个供驿使休息的“舍”。春秋时期，各个诸侯国都有类似于驿站的机构，只不过各国叫法不同，齐国、郑国叫“遽”，晋国、楚国叫“驲”，还有些国家叫“传”。那时候

马嵬驿

古丝路驿站马嵬驿，位于陕西省兴平市西，距西安50多千米。据相关史籍记载，唐代杨贵妃被赐死在马嵬坡

的快递主要是为国家军事服务。到了战国时期，快递业进一步发展，有些人开始拥有了自己的私人快递系统，比如魏国的信陵君收到信息的速度竟比魏王还要快，当然，这是权力使然，普通老百姓是享受不到这个便利的。

正是有了前朝历代的铺垫，唐朝的快递业才如此发达，杨贵妃也才能吃到从四川快马加鞭飞运来的新鲜荔枝。为杨贵妃运送荔枝是唐朝快递史上的奢华大单，这其实还不算什么，因为唐朝快递业还有更为奇特的订单——快递头颅和棺材。

武则天时期，徐敬业起兵造反，请天才诗人、初唐四杰之一的骆宾王写檄文把一代女皇骂了个狗血淋头。徐敬业兵败被杀后，他的头颅被“驿马驼入洛”，也就是被驿使骑着马送到了洛阳。《旧唐书》中记载了这

《驿使图》

我国最早记录邮驿的图像，就是这张出自嘉峪关魏晋墓中的壁画。画面中一位驿使左手举着木牍文书，骑在红鬃马上，这马四蹄腾空，就像飞起来了一样，说明了邮驿速度之快。可是这么快的速度，驿使依然稳如泰山坐在马背上，说明对送快递这业务已经相当熟练了

样一个故事：徐州监军使孟昇在地方上去世，节度使王绍将孟昇的灵柩用驿传送到京城，还将棺材存放在邮舍。

北宋科学家沈括在《梦溪笔谈》中记录了当时快递的相关信息，北宋快递有步递、马递和急脚递。急脚递要求日行四百里，这速度几乎已经达到极限了，但宋神宗还不满意，他下旨增加了更快的"金字牌急脚递"，金字牌是一块一尺多长的红漆木牌，上面用金字题写"御前文字，不得入铺"，就是说这是皇帝的圣旨，不用在驿站中转，速度自然就提高了。当年宋高宗就是用十二道"金字牌"，将岳飞从抗金前线召回并以"莫须有"的罪名处死的。

元代在历史上存在感不是很强，但疆域非常辽阔，"快递业"也就显得非常重要。元朝的驿站以蒙古语命名，叫"站赤"，数量直逼唐朝，达到一千五百一十九个，且装修非常豪华。马可·波罗在他所著的游记里这样描述那些邮站或邮传所：这些建筑物非常宏伟，房间陈设华丽，窗帘和门帘都是绸缎做成的，即便王侯在这里居住也不会有失体面，所需的一应物品都会从附近调拨而来，一些重要驿站，朝廷也会提供常规性的供给。元代的快递也有奇特之举——在现在的哈尔滨地区，当时有三千只运送快递的狗，估计是狗拉着雪橇来运送快递。

快递业一路发展，到了明朝，已经形成了一个庞大的网络组织。据史料记载，明朝的主要干道上每隔六十里就有一个驿站，全国大概有两千多个驿站，这些驿站和人员、车马所需的费用对朝廷来说是一笔很大的负担。明朝末年，崇祯皇帝为了节省费用，对快递业进行了大批裁员，没想到就此断送了江山——有一个叫李自成的驿使，因为失业被逼起义，最后灭了明朝。

在官方快递业发展的同时，明代的民间快递也发展了起来，明永乐年间出现了民间商业性质的快递组织——民信局。民信局最早出现在东南沿海一带，主要为商人和普通百姓寄送信件。这在当时大概属于一种新事物，人们对此有一个接受过程，所以当时的民信局不温不火，一直到了清代中期，民信局才火了起来。明末清初，还出现了跨国快递机构——侨批局，负责传送海外华侨和国内亲友之间的信件，也承接汇兑业务。

经历过晚明的没落，快递业在清朝实现了逆袭——驿站遍布全国，就连一些边远县城都有“县递”，这样一来，清朝快递业轻松打破了唐朝保持的日行五百里的纪录，日行六百里甚至八百里都不在话下。康熙皇帝当政时，三藩作乱的消息短短九天便传到了京城。我们常在古装影视剧中看到的“六百里加急”“八百里加急”，其实是真实存在的。

清末，随着西方的电报技术传入中国，古老的驿站退出了历史舞台。近些年，随着“网购”大热，快递业开始兴盛起来，遍布各地的快递站点，忙忙碌碌、疾速飞驰的快递员似乎让我们看到了古代快递的影子，只不过因为时代的变化，运送工具更加先进、快捷，管理也更规范、严格。

在马厂子走一走，想象唐朝的快递小哥骑马飞驰而来，就像收到了来自唐朝的快递，只不过这快递的内容有些特别——是关于西安城的历史与文化。

『南院门』

追寻书香之源

2022年4月，书香之城西安又多了一座世界一流图书馆，位于高新区的陕西省图书馆新馆建成开放。至此，陕西省图书馆实现了“三代同堂”——如果说位于高新区的新馆是青年孙辈，那么位于长安路的旧馆就是中年父亲，而位于西大街的老馆则是老年祖父。

一般人们所熟知的，是位于长安路陕西省体育场南侧的陕西省图书馆。如果仔细观察，你会发现这座图书馆一层的大落地窗顶部为圆弧状的拱券形，这样的拱券形窗其实是对过往的致敬。

1900年，八国联军攻入北京，慈禧携光绪帝到西安避乱。虽是逃难，太后的份儿不能跌，不久慈禧过生日，贺礼贡品像潮水一样涌进西安，献礼的人中，就包括当时的陕西首富周莹——电视剧《那年花开月正圆》的女主角。

寿礼多到什么程度？据说第二年慈禧回北京时，动用了三千辆大车运送竟然都没运完，很多珍贵的漆器家具、宫灯、丝绸、工艺美术品连同周莹进献的龙床、紫檀屏风、湘绣等物，都被留在了西安。当地官员就用南院门的一座两层小楼来收藏、展示这些宝物，这座小楼的官方名字叫“劝工陈列所”，意为工艺品展览馆，老百姓叫它“亮宝楼”。

1915年，亮宝楼的命运迎来了转折——随着陕西图书馆南迁，亮宝楼变成了图书馆的藏书楼。迁到南院门的陕西图书馆，是一座四合院式的建筑，有着拱券形门窗。从门楼进入，依次经过前院、四明厅、后院，就到了亮宝楼。

那时候的亮宝楼，除了用作藏书室以外，还兼有博物馆的功能。昭陵六骏之中幸存于国内的四骏、钟楼上的唐代景云钟，还有陕西图书馆镇馆之宝《碛砂藏》等都曾保存在亮宝楼中。

陕西图书馆迁至此处繁华地段，用意是让更多的人知道图书馆的存在，让更多人浸染到书香之气。原来的陕西图书馆坐落在安静的梁府街，梁府街因有清朝武进士梁化凤府第而得名，后改名为青年路。在梁府街的陕西官书局内，有一幢共有五十间房屋的三层小楼，这就是陕西图书馆的最早馆舍。

陕西图书馆是中国成立最早的图书馆之一，与北京的中国国家图书馆同时于1909年成立。迁到南院门后，将亮宝楼纳入馆内的陕西图书馆，在1927年拥有了一个新名字——陕西省立第一中山图书馆。当时正值民国时期，这时图书馆的名字也带有鲜明的时代气息。时任陕西国民联军总司令兼省长的书法家于右任先生，为陕西省立第一中山图书馆题写了“中山图书馆”五个大字。

以后的岁月里，陕西省立第一中山图书馆先后更名为“陕西省立西京图书馆”“陕甘宁边区西安图书馆”“陕西省立西安人民图书馆”，最后于1953年定名为“陕西省图书馆”，沿用至今。

于右任题写的“中山图书馆”

从1909年的“陕西图书馆”到如今的“陕西省图书馆”，一字之差，七次更名，中间经历的是一百多年的风云激荡，但无论世事如何变迁，中国人热爱藏书、读书的传统没有变。

在清末之前，并没有“图书馆”这一名称，自古只有“藏书”和“藏书楼”之称。“藏书”一词最早在《韩非子》中出现，而最早以“藏书楼”命名的官方藏书处所，是南宋的铅山县学藏书楼和宋末元初的扬州州学藏书楼。

藏书楼就是古代的图书馆。从中华文明产生的源头开始，中国人就有了藏书的传统。

央视文化节目《典籍里的中国》火爆全网，圈粉无数。很多“典迷”看了节目后才惊奇地发现，两千五百年前，中国哲学鼻祖老子的第一份工作竟是图书馆管理员。周朝的守藏室，是文献记载中最古老的正式藏书机构，相当于如今的国家图书馆。老子为守藏室官吏，日常工作就是负责图书的整理和保存，可不是妥妥的国家图书馆管理员嘛。

不过，老子并不算中国最早的图书管理员。据记载，早在商周时期，就有史官专门从事典籍编撰、整理与保存等工作，这些史官大概可看作是中国第一批图书管理员。每当国家危亡之时，史官会像保护自己的生命一样保护典籍。秦末，刘邦攻入咸阳后，别的将领们都去抢金银财宝，只有萧何抢先把秦王朝的律令图书收藏起来，事后证明，这些藏书对于汉王朝的统治起了很重要的作用。约从两汉起，我国古代藏书制度开始发展成熟，形成了三大类型：官府藏书、书院藏书和私家藏书。

官府藏书是最早形成的藏书制度。西周之前，文化、教育和典籍都为官府垄断，史官实质就是负责官方藏书工作的官员。从两汉到明清，官府藏书一直非常兴盛，这是我国古代藏书的主流。

书院是中国古代教育界独有的风景线，可以说是融学校、研究院、出版社于一体的组织。自唐代兴起以后，书院在宋代和明清时期都迎来了高光时刻。书院繁盛的基础，是要有足够量的藏书。书院的藏书除了自己购买以外，有时还有朝廷赏赐和官员捐赠。

私家藏书始于春秋战国时期，那时候学术界百花齐放、百家争鸣，读书人私家藏书非常多，孔子、惠子等人都是当时著名的私人藏书家。隋唐时期，随着纸和雕版印刷的普遍使用，图书逐渐由抄本向刊本印刷过渡，图书的数量增加，流通扩大，私家藏书越来越多，涌现了许许多多的民间藏书家，比如杭州重修文澜阁、修复《四库全书》的藏书家丁丙，就有家传的藏书楼八千卷楼。

最为常见的藏书楼，往往以某某楼命名，此外人们也喜欢以斋、堂、室、居、轩、馆、亭、房、洞等来为藏书楼命名。这些名称古雅的藏书楼，为一代又一代中国人撑起了任何力量都无法摧毁的精神家园。

其实，对于热爱读书的中国人来说，藏书楼并不单指官方、书院和私人保存书籍的专门建筑，从早期的山洞、石室、仓房、地窖、经堂，到后来的厅室、楼宇、轩阁、殿堂，只要是存放保护书籍的处所，都可以称为广义上的藏书楼。

清末民初，随着西学东渐，“图书馆”这个名称开始进入中国人的视线。近现代图书馆就是升级换代版的藏书楼，中国图书馆的血液里，藏书楼的基因仍然存在，民间热爱藏书的传统从未断绝。陕西省图书馆也在这样的传统里，一步步走过百岁生命历程。

2001年，陕西省图书馆从南院门亮宝楼旧址迁到长安路，南院门旧馆改为陕西省图书馆少儿分馆。如今，陕西省图书馆又有了高新分馆。南院门，是陕西省图书馆生命中的重要站点，在这里，接续前世，开启新生，西安城的书香永远不散，中华文脉世代流芳。

位于长安路的陕西省图书馆

『冰窖巷』

既是消暑神器，也是炫富奢侈品

炎炎夏日，何处才是清凉世界？推荐西安城中一处避暑好去处——冰窖巷。单听这名字，一股冰爽之气就扑面而来。古代，这里可是名副其实的“冰世界”，因为如今冰窖巷的西段，就有明代秦王府和清代满族官员藏冰的冰窖。

对于拥有冰箱与空调的现代人来说，冰似乎无足轻重，但对古人来说却是大事——有没有冰，意味着能否平安舒适地度过夏天，能否让食物保鲜，能否让离世亲人的遗体在世间保留得久一点儿……

中国最早一部记录农事的历书《夏小正》中记载，每到三伏天，朝廷就会把冰当作贵重的礼品赏赐给士大夫和高级官员。这说明至少在夏朝，人们就不但会制冰，而且会藏冰了。到了西周，出现了专职负责制冰、藏冰、取冰等事务的官员“凌人”。

聪慧的周朝人还发明了储藏食品的“冰鉴”，这种冰鉴最先是陶制的，后来演变为青铜制品，被视为现代冰箱的雏形

冰鉴

凌人的主要工作是什么呢？首先是制冰。制冰最简单，在这个工作阶段，凌人完全可以“躺平”，他只需要在每年天气最冷的大寒节气，选定一个水质好的地方，带人去凿采冰块。凿取的冰块量非常大，至少要在预备用量的三倍以上，因为考虑到运输、储存的过程中会有融化损耗。接下来，凌人会命人将凿好的冰块运到事先挖好的地窖里存放。存冰的地窖当时叫“凌阴”，一般是在阴凉潮湿之处挖的很深的坑。为了减缓冰融化的速度，冰窖的地面会事先铺上新鲜稻草和芦席，然后将冰块一层一层整齐地码放在上面，冰块上再覆盖稻糠、树叶等隔热物品，最后将窖口密封。

在古人的心目中，冰是上天所赐之物，应心怀敬畏与感激，所以在藏冰、取冰和颁冰之时都会举行庄重的仪式：在藏冰时，用黑色的公羊和黑色的黍子祭祀司寒之神，因为民间传说司寒之神所用的东西都是黑色；而到了取冰之时，则要在冰室门上挂桃木做成的弓和棘做成的箭，寓意驱邪避恶、逢凶化吉；颁冰仪式上，朝廷会按照官员的级别高低颁发不同分量的冰，简单粗暴地总结就是“凡能吃上肉的人就能领到冰”，不过颁冰是有时间规定的，一般是在农历五月到七月，不在这个期限，冰窖是不开放的。

这一套藏冰、取冰、颁冰的仪式，从周代开始，历代都有沿袭效仿，唐代大诗人白居易曾写过一篇《谢赐冰状》：“右今日奉宣圣旨赐臣等冰者，伏以颁冰之仪。朝廷盛典，以其非常之物，用表特异之恩……”白大诗人在这篇文章中表达了对颁冰盛典和皇帝赐冰的深厚感恩之情，同时不免流露出内心的骄傲——要知道在唐代，夏天的冰和黄金等价，是可以用来炫富的。

冰价高出天际，但对于生活在盛世大唐的土豪们来说，这种奢侈品完全消受得起。那些一掷千金的有钱有闲阶层人士，在三伏天享用着可与山珍海味媲美的冰块与冰镇饮食，在花色品种令人眼晕的“冰盘”“冰瓜”之外，还有“冰山”。杨贵妃的哥哥杨国忠，就曾在夏天命人将大块冰雕琢成冰山放置在宴席周边，参与宴会的人们虽然喝着酒，却还是被冻得面白唇青，甚至要穿薄棉衣来御寒。

在唐代，冰不只是富人炫富的奢侈品，还成了专门流通的商品，市场上开始出现了售卖冰块的“冰商”。想必那时的场面，和如今的电商直播带货一样火爆，不过这是对于富人圈层而言，普通老百姓是没有这个财力的，最多只能用冰凉的井水冰镇个西瓜、酒之类。

也许正是由于冰成为可以实现财富自由的商品，唐代末年人们发明了一种人工制冰的方法：将硝石与水混合，硝石在水中溶解时需要大量吸热，可使水降温结冰。由此，夏天制冰成为可能，但这种制冰法并没有普及起来。

到了最具文艺范儿又会享受生活的宋代人手里，冰成了制作美食的素材之一。将果汁、牛奶、药菊、冰块等混合在一起，就成了一种名叫“冰酪”的冷饮，大致相当于现在的刨冰。类似冰酪的还有“砂糖冰雪冷元子”“雪泡豆儿水”“雪泡梅花酒”等，这些冷饮的火爆程度，恐怕不亚于如今任何一款知名冰激凌。宋代诗人杨万里还特意写诗为冰镇冷饮作宣传：

唐章怀太子墓壁画中手捧酥山的侍从

似腻还成爽，才凝又欲飘。

玉来盘底碎，雪到口边销。

杨万里笔下的冷饮，叫作“酥”，酥用牛奶制成，其实早在唐代就有了。聪明的唐代人在酥的基础上，还利用冰窖发明了一种独创美食“酥山”：将酥加热，使之稍稍融化，然后缓缓淋到盛在盘里的冰沙上，再放进冰窖冷藏。经过冷冻之后，盘里的酥变成了一座晶莹剔透的白色小雪山，所以叫“酥山”。为了让“酥山”既好吃又好看，人们在吃之前，还要在上面装饰一些花瓣和花枝。

现代冰酪 陕拾叁冰酪 供图

现在，冰酪依旧风靡西安。当大雁塔造型的饼干遇上冰酪，既是建筑文化与美食文化的相遇，也是两种美味之间的奇妙碰撞

唐人这么能干，宋人也不甘示弱，他们将酥山染上“贵妃红”或“眉黛青”，变成彩色“酥山”，就像现在的炫彩冰激凌……这些简直就是顶级吃货才能想出来的主意。

元代也有冰酪，相比宋代的冰酪，其奶味更浓，因为元朝贵族都是来自草原、惯喝牛奶的蒙古人。据说元世祖忽必烈爱喝牛奶，但夏天牛奶不易保存，于是便在牛奶中加入冰块，没想到冰奶比常温牛奶好喝很多。后来，人们又用硝石降温，将牛奶凝冻，做出冰晶状的冻奶，再往里加入蜜饯和果酱，就做成了类似于冰激凌的冰奶酪。

当时马可·波罗来到中国，受到元世祖的赏赐，吃到了这种超级美味的冰奶酪，后来他便将冰酪的制作技术带回了意大利。意大利将这种秘方封存三百年后，被法国人高价买走，后来又传到了英国，英国人将这种技术改造之后制作出了风靡世界的冰激凌。归根究底，冰激凌的发明专利其实应该属于中国。这份荣耀里，有着冰窖的一份功劳。

从夏商周到元明清，历代制冰都是天然冷冻，藏冰用冰窖。明清时期，朝廷视冰为珍贵的天然资源，只许官采，不许民采，冰窖也只有官窖和府窖两种，直到清末民初允许民采之后，才出现了民窖。

官窖和府窖都是政府官方建立和管理的冰窖，主要为皇室和衙门官署、祭祀庙宇等供应所需之冰。官窖和府窖的设立必须严格遵守规定，除了皇室成员，只有立过很大军功或祖上立过大功的官员，经过皇帝亲自审批后才能够建府窖。西安冰窖巷在明清时曾存在过的冰窖，就是官窖和府窖。

走过冰窖巷，感受从古代吹来的冰爽气息，细细搜寻古人制冰、藏冰、用冰的历史，你会恍然走进一个冰莹世界。小小的冰块，其中蕴含的文化足可写成一本书，除了中华民族，试问世界上还有哪个民族的文化能够有如此巨大的包孕吞吐之力呢？

肆　人间烟火最深处

『印花布园』

色染千年，花印旧梦

近年来，随着传统文化的复兴，我国非物质文化遗产——古方草木染也受到越来越多人的关注，很多从事古方染色的手工艺人在短视频平台上爆火。用天然植物做染料，这是中华民族的独创，也是东方美学对世界的重要贡献。

早在六七千年前的新石器时代，我们祖先对于色彩之美就有了敏锐感知，他们带着试探的心情用赤铁矿粉将素色的麻布染成如同太阳般的红色。这种用矿物质颜料进行染色的方法，称为石染。除了赤铁矿粉，能够进行石染的还有朱砂、石青、石黄、赭石、蜃灰等矿物质。

在生活经验日复一日的累积中，人们逐渐发现了植物与色彩之间越来越多的秘密：蓝草可以染蓝色，茜草可以染红色，紫草可以染紫色，栀子可以染黄色，皂角可以染黑色……用植物进行染色，称为草木染。

相比石染，草木染更简便，更富美感与趣味。经植物染料浸染或印染的织物，带着自然草木的清香，视觉享受之外再加嗅觉抚慰，这是来自上苍额外的恩赏。中国人对于美的痴迷与执着与生俱来，也从未停止过探索衣着之美的脚步。

礼制森严的周朝，对染色相当重视。朝廷设置有“染人”这一官职，专门负责染色事务。这时候，民间也有了专业的染匠。染人的工作并不轻松，因为不能仅仅着眼于美感，周代服饰的色彩和花纹也是最鲜明的身份标签，青、赤、黄、白、黑为五正色，代表高贵，相比之下，绿、红、碧、紫、流黄这五间色地位就显得低微一些。用错颜色，是非常严重的事故。

染人其实是一个核心职位，专管丝帛染色，围绕染人，还有专管染草和设色等与染色相关的官职，这样细致的分工，说明当时的染色工艺已经形成了一定的体系和规模。

时代没能限制住人们的想象力。到了春秋战国时期，人们不再满足于只给织物染色，而是创造出了“画缋”，类似于现在的服饰手绘，用植物染料或矿物颜料在服装织物上涂饰花纹。这时候，植物染料应用多了起来，矿物颜料逐渐退居次位，更多的是作为绘画颜料使用。

秦汉盛世，社会巨变，染色工艺也迎来大发展，染色所用的染料，大都是植物染料。那个时候，人们不再局限于单色染，还发明了能印染出花纹图案的“防染”。防染这个叫法有点理工科的意味，它的古称“染缬”则显得更有诗意。当精湛的防染工艺与神奇的植物染料完美遇合，令人惊艳的花纹便开在了衣衫、床品、门窗帘等家庭场所的各处，琐屑与苟且的日常，便有了诗与远方的韵味。

染缬之法，最为著名的有蜡缬、绞缬、夹缬等。

蜡缬，就是我们现在所说的蜡染，是用蜡刀蘸取熔化后的蜡，在布面上绘出图案，然后再用蓝靛浸染，去蜡后布面呈现出蓝底白花或白底蓝花图案的一种印花方法。新疆阿斯塔那出土过一匹北朝时期的蓝底白花棉布，是目前可见的最早蜡染实物。唐代的蜡染屏风则作为国礼被遣唐使带回了日本，至今还收藏在正仓院中。

美丽的蜡染图样

绞缬，就是我们现在所说的扎染，民间也称为“撮花”“扎花布”。扎染怎么操作呢？简单来说，就是用绳或线将织物进行捆扎或缝合之后再进行染色，这样织物的重叠之处无法着色，而其余的地方可正常着色，以此产生一种独具风味的晕色效果。

陶渊明在《搜神后记》中讲了一个关于扎染的故事：南北朝时期，爱美的女性都钟情于一种新潮服饰——带有“鹿胎缬”的“紫缬襦”，实质就是一种紫底白花的短上衣。这种衣服上的花纹是扎染而成，看上去很像梅花鹿的斑纹，所以叫“鹿胎缬”。除了“鹿胎缬”，还有玛瑙缬、鱼子缬、龙子缬等，都是受大众追捧的扎染图案。

到了唐代，扎染图案更加丰富精美，出现了“大撮晕缬”“醉眼缬”“方胜缬”“团宫缬”等图案，唐代画家周昉的名作《簪花仕女图》以及敦煌壁画中女子的衣物，有些就是用扎染之法制成的。

相比蜡染和扎染，夹缬的工艺显然难度系数更大一些：用木板雕刻成两块相同纹样的镂空花版，然后将织物对折夹在两块花版中间，用绳捆紧后进行染色。夹缬在唐代非常流行。据古籍记载，唐玄宗时，宫里有一位富有才学的柳婕妤，很受玄宗重视。柳婕妤的妹妹聪慧灵巧，能够熟练掌握夹缬工艺。柳婕妤生日时，其妹献来用夹缬之法制成的布帛，玄宗见了大为惊艳，于是下令依照此举大批制作，一时风行天下。

时光一刻不停，织物与染料的缠绵也一直在进行中，随着时代的发展，它们结合的方式越来越巧妙多变。宋代民间出现了一种青白相间的“药斑布”，这就是近代蓝印花布的前身，俗称“浇花布”。

药斑布是怎么制作的呢？先将油纸刻镂而成的花版铺在布上，在上

【唐】周昉《簪花仕女图》

面刮一层豆粉与石灰混合而成的防染浆，再将刮过防染浆的布匹浸入靛蓝缸内染色，最后刮去灰浆即成蓝底白花的花布。这种印染工艺有一个专业名词叫作“漏版刮浆”。

除了漏版刮浆，蓝印花布还有一种印染工艺——木版捺印。相比漏版刮浆，木版捺印就简单多了，就是用木刻的凸版直接着色在布上印染出花纹。这种方法好操作，但在我国应用并不多，可见中国人的匠心只是专注于事物与美本身，并不会刻意趋易避难。

宋代的药斑布到了明清时期，成了风靡大江南北的“潮品”，全国的印花布作坊如雨后春笋，西安城中原唐代皇城之内、管理国家手工业事务机关少府监的所在地——如今钟楼开元商城南侧的小巷印花布园所在之处，印染花布的手工作坊一家挨一家。这里遂被称作“印花园”，后来改为“印花布园”。

可以想象，当你来到这一片区域之后，鼻息之间满是草木清气，印染作坊门口晾晒着印花布，街边店铺门前张挂着印花布，这是视觉的盛宴，也是色彩的大聚会——此时的印花布，不再只是青白两色，清代后期的人们用五彩染料染出了彩印花布，民间称为“花袱子”。清代《木棉谱》记录下了那些融具象与意象于一身的中国传统色名：

染工：蓝坊，染天青、淡青、月下白；红坊，染大红、露桃红；漂坊，染黄糙为白；杂色坊，染黄、绿、黑、紫、古铜、水墨、血牙、驼绒、虾青、佛面金……

这些美丽的布匹中，安放着植物的一生，安放着物与物的缠绵情意，凝结着无数颗琐细辛劳的汗珠，映照着中国人被色彩浸染的千年岁月，被花朵照亮的生活梦想，被手作之美装点的平凡人生。

随着大清的暮色浓重覆下，来自世界西方的风强劲鼓荡在旧日中国大地，传统的一切都被视作不合时宜，手工印染的花布渐被机器制造的洋布所取代，印花布园的手工印染作坊一家家零落，一如秋冬的花朵悄然萎谢。西安城中，只留下一个名叫印花布园的小巷。

这似乎让人惆怅，但不必伤感，近些年随着传统文化的复兴，已有越来越多的年轻人钟情于手工印染，这正是传统文化和传统手工艺有着强大生命力的明证。

色染千年，岁月悠长素静；花印旧梦，来日前缘已续。

百年老宅演绎的传奇

有时候，生命中不经意间遇到的人，会改变一个人的人生走向。

1920年的一个夜晚，陕西韩城的一个村庄里，私塾先生窦自强正准备休息，突然听到急促的敲门声。打开门，他看见一个神色疲惫慌张的年轻人。年轻人说自己叫杨久娃，正被人追杀。

窦自强冒着生命危险将杨久娃藏了起来，每天想尽办法给他送饭。二十多天后，风声平息，杨久娃交给窦自强一张纸条，谢恩之后就离开了。窦自强看到，纸条上写着“杨虎城”三个大字。

窦自强和他的孙女窦晓丽

五年之后，窦自强被一个军官模样的人邀请来到西安，原来此时的杨虎城，已经成了镇守西安城的国民革命军师长。为报救命之恩，杨虎城让窦自强留在自己身边工作，还将位于西安市东木头市一位晚清官员的宅院送给窦自强居住。

这是一座坐南朝北、三进三开的大宅，主人既换作了窦自强，从此就叫窦家大院。后来，杨虎城修建止园时，又对窦家大院重新进行了修建，建筑装饰风格均与止园相同。

变幻不定的人世中，杨虎城将军因西安事变遭到打压，直至壮烈牺牲。窦自强也因此辞职转而经商，新中国成立后成为西安市人大代表和优抚模范，热心于公益事业，开办学校和幼儿园，并且无偿捐献房产、银圆，自始至终，窦自强和他的孙女窦晓丽都展现了普通中国人的热血与良善。

建筑比人长久。如今，杨虎城和窦自强均已逝去多年，而见证他们传奇人生缘分的窦家大院依然存在于东木头市108号。虽历经岁月风霜和人事摧折，窦家大院这所百年老宅所传承的古建筑之美，仍然堪称另一种震撼人心的传奇。

中式宅院，自具世上独一无二的精神风味与气质，从你走近一座古宅开始，一种古老宁静的气息便使你身心沉静，那是一个真实又梦幻的时空。

首先你会看到高大的门楼，门额上悬挂着牌匾和明晃晃的镜子。大门处的匾额，是一个家庭价值观的最直接体现，不同的题字，就如同人的衣着，体现着主人各不相同的思想倾向与审美趣味。“世科第”“进士”“文魁”，说明这家人很看重自己的家族荣耀；“忠恕”“和为贵”“谦受益”，说明主人一定是个注重自身修养之人；“耕读传家”“忠厚传家”“四季平安”“勤俭持家”，说明是平凡的普通烟火人家。

门额上悬挂的明镜是为了避邪，与其说这是迷信，不如说是人们对美好生活的向往与祝愿。

迈进大门，迎面是一堵独立存在的墙体，称照壁，也叫影壁。早在西周时期，中国的古代建筑中就出现了照壁的身影。对应中国传统“天圆地方”的观念，照壁多修建为方形或圆形。讲究的照壁，会修建飞檐翘角的顶盖，也会在正面雕刻佛手、灵芝、松树等吉祥纹饰，或者写上“紫气东来”“福禄双寿”等吉语。

照壁是视觉的缓冲带，对于进入者来说，门内景物不是一览无余地呈现，而是带着些神秘和含蓄，需要以想象作铺垫，绕过照壁后，才能真正进入庭院内部。这是中国式审美，也蕴含着传统风水理念——古人认为，照壁可以挡住外来的煞气，守住宅内的财气和福气。隔而不绝，是中庸的智慧。

中式宅院大多为合院住宅，这是中华民族居住形式的主流。合院由房屋和廊围合而成，有二合院、三合院、四合院等。对于宅院来说，廊是不可或缺的陪衬，也是中国建筑独有的风景。廊有顶无墙，只用柱栏承托，在庭院中，廊就像绵延的画框，巧妙地将天然美景截取成片段，同时又像丝线一般将各个建筑串联起来，让人们在穿行之中免受日晒雨淋，享受清风徐来的舒适和愉悦。廊看似简单，却变化丰富，明廊、暗廊、短廊、单廊、片廊、双廊、回廊、飞廊、曲廊……不同的庭院有不同的廊与之匹配，古书上很多美丽的故事，都是从轻巧华丽的廊下生长出来的，令人迷恋回味。

相比室内，庭院更是主人放飞身心的广阔空间，院内多会栽种花木、

关中民俗艺术博物院中的三进院关中民居

挖塘养鱼。民间对于庭院栽种的树木也有讲究，一般为前榆后槐：房前种榆树，榆生榆钱，音同“余钱”，房后种槐，槐结槐籽，音同“怀子”。很多吉祥寓意，都是古人玩的谐音梗。

顺着树干向上看，树冠的顶端常常会出现屋顶的剪影。按常理来说，檐宇的线条应平直，但中式建筑的屋顶却是一条曲线，两端抬升形成翘角，这样就打破了建筑平正呆板的固化印象，造成一种飞扬流动的曲线美，这是誓愿将美进行到底的中国人的首创与独创。

有趣的是，正是由于屋顶的曲线美，才有了“钩心斗角”一词。中国古代建筑的檐角高高翘起，檐角指向房屋中心，此为“钩心”；各檐角之间彼此相向，就像在相斗，此为“斗角”。唐代诗人杜牧在《阿房宫赋》中描述宏伟壮丽的阿房宫时，就用了“钩心斗角”一词，指的是宫室建筑结构精巧严整，后来这个词才逐渐有了运用心机相互争斗的意思。

如果你进入的是多进院落的深深庭院，你会在穿行于各个院落之间时，经过一个个门洞。这些门洞有的呈满月形，有的呈花瓶形，有的呈壶形，以月亮门最为常见。不同于院落的门洞，房屋的门是散发着木头清香的雕花板门，最上面的横格和下面的门扇上，都做成了镂空雕花的样子。

门尚且如此有品，窗当然不能落后，且有过之而无不及。除了最常见的直条窗、方格窗，还有许多雕成花式图案的窗——菱形、扇形、梅花、冰纹、圆圈、寿字……这些复杂多变的图案，能工巧匠却能一刀一刀雕刻出来。设想坐在这样美丽的窗下，或赏窗外的风景，或与家人闲坐，或独捧书卷，幸福指数会上升几个等级。

窦家大院虽已破败，但厅房木制大梁顶的驼墩、斗拱，其上面的木雕，工艺和图案都极为讲究，雕工更是精湛

进入家宅内部，前为堂，后为室，先登堂后入室，成语“登堂入室”即由此而来。堂相当于现在的客厅，三面有墙，南面开门，堂面对大门的墙上会挂有牌匾，表明主人的志趣和为人宗旨等。堂中摆有桌椅，作为会客及家庭商议大事之用。

室相当于现在的卧室，在堂的后面，有很强的私密性。古时室还有一个别称叫“奥”，意思是房屋深处，后来“奥”才有了“深邃”之意。古时女子不上厅堂，一般居于内室，所以男子称自己的妻子为“内室”“室人”，这才有了“妻室”之说，没有出嫁的女子称为“室女”。

中国古代建筑中所蕴含的文化传统、民俗心性和美学理念，窦家大院也一样拥有。只不过因岁月久远，窦家大院的建筑已有所损毁，但那些房梁斗拱与木门上的精美木雕依然触动人心。一个城市的古建筑，也是一个城市的心灵史与生命史，它们虽无法回到最初的模样，但依然值得珍视与呵护。

1993年，窦家大院被西安市列入“旧城区传统民居宅院和历史纪念性建筑”名单。百年老宅演绎的人文与建筑艺术的传奇，得到了精彩续写，并且会一直绵延下去。

『竹笆市』

指尖上的竹木宇宙

随着中国在世界舞台上散射的光芒越来越耀眼，很多有才华的普通中国人也开始被全球的人们看见，杭州竹编手艺人潘云峰就是其中之一。

在被全世界七千万网友在线围观的短视频中，衣着朴素的潘云峰仅凭一双手，就将碗口粗的竹子最终变成了纤细如发的竹丝，这被外国网友称为“神秘中国力量”的，其实是中国传统竹编技艺中的竹丝制作。

更令外国网友惊叹的是，潘云峰能让这些竹丝在指尖上经过一番缠绕穿插之后，变成一件件实用的生活用品或精致美观的工艺品。在中国，像潘云峰这样的竹编手艺人还有很多，而早在中华文明诞生之初，人们就开始了让青青翠竹深度参与日常生活的尝试。

新石器时代，人们学会了种粮食、养家禽家畜后，便结束了流浪生活，开始定居下来。收获的粮食需要存储，没有器具怎么办呢？我们的祖先便想到了用竹子来编织器物。竹子这种植物生命力很强，随处可见，不需特意培植，在纵向上很容易被劈开破解，横向又极具韧性和弹性，弯折不易断。用简陋的石斧将竹的身体分解为细长的条状，它们便开始变得驯顺，随人的心和手变成一件件轻便耐用的器物。

竹器有缝隙，储水的问题怎么解决呢？在智慧的古人手里，这些统统不是难事：在竹编的器物外面涂上泥，竹为泥描画了轮廓，泥弥补了竹的疏漏，这样完美的配合，是发明的惊喜。

经过漫长的岁月，人与竹配合得更加默契。商周时期的竹编工艺已经非常精细，人们不再满足于竹器的实用功能，而开始着眼于审美，竹编的纹样变得丰富起来，出现了方格纹、米字纹、回纹、波纹等样式。

到了战国时期，竹编技艺非常发达，竹编器物已经成为生活本身的一部分，有出土的竹席、竹篮、竹帘、竹箱、竹扇、竹篓、竹筐等为证。

战国时期成书的《考工记》，是我国第一部与手工业相关的著作，其中在写到竹编时说："天有时，地有气，材有美，工有巧，合此四者，然后可以为良。"正是天时地气成就了竹之美，又是人用一颗匠心、一双巧

五代南唐的顾闳中所画的《韩熙载夜宴图》(局部)中，主人公韩熙载手中所持正是一把精美的竹扇

手将这种美扩散、深化变成了竹编，服务人的身体，浸润人的精神。这就是“天人合一”。

此后，无论朝代如何更迭、世事如何变幻，竹编世界始终稳步向前。一颗颗匠心，一双双巧手，一代代接力，竹之大用没有止境，从生活所需到艺术观赏，竹编包揽一切。大概竹子也不会想到，作为自然界一种普通的存在，它竟能在人的指尖幻化出一个浩瀚宇宙。

竹编艺人如山间之竹，换了一茬又一茬，但人们始终记得两个名字：鲁班和泰山。相传木匠祖师爷鲁班当年曾收过一个弟子叫泰山，几年下来，鲁班发现泰山的木工手艺毫无长进，便认为他是“朽木不可雕也”的差生，将其逐出师门。几年之后，鲁班在集市上闲逛时，看到了一些异常精美的竹编制品，大感惊艳。等看到这些作品的主人时，他才知道这是泰山的手艺。原来，泰山并非不求上进或冥顽不灵，他只是从小就对竹编更感兴趣。鲁班满怀愧疚地说：“我真是有眼不识泰山哪！”他的这句感叹，为后世留下了一个成语：有眼不识泰山。人们据此认为泰山是竹编技艺的祖师爷。

无论这个故事是真是假，无论竹编的真正祖师是谁，古往今来竹编人的创造和传承都无可辩驳。西安城中也有这样一群“一生只做一件事”的竹编艺人，他们的作品被集中在一条不大的街巷展示售卖。

这条街在唐代是“吏部选院”，经过考试或者捐官等具有做官资格的人，在这个地方接受朝廷的筛选，以确定最终是否能够当官。唐代灭亡以后，这里成了民众居住区，明清时期这里诞生了一条繁华商业街，街上店铺林立，热闹非凡，有着浓浓的人间烟火气。这条街以卖竹编制品最具规模、最为知名，因而名叫“竹笆市”。

很多老西安人对竹笆市都有着亲切而深刻的记忆。闲暇时漫步小街，随意走进一家店铺，目光在一件件有着竹木质朴本色的器物上逡巡，最后选中一件或几件，或好用，或养眼，器物上留着匠人的指纹和体温，生活也因此变得滋味浓厚。

竹笆市竹器店　萌萌/摄

可惜的是，当机器工业繁荣以后，传统手工业趋向没落。很多竹编艺人为了谋生被迫转行，潘云峰也曾有很长时间离开了竹编，但他最终的回归，说明传统手工业的生命力和中华传统文化一样强大。

世界百媚千红，有人独爱一种。每一种传统手工艺都独具魅力，也自有人懂得、记得它的好。

竹虽普通却不平凡。在生出地面之前，它的根系在黑暗中经过漫长的坚持，细密的根须一寸寸扎向更深、更远处，直到冲破泥土看见明亮

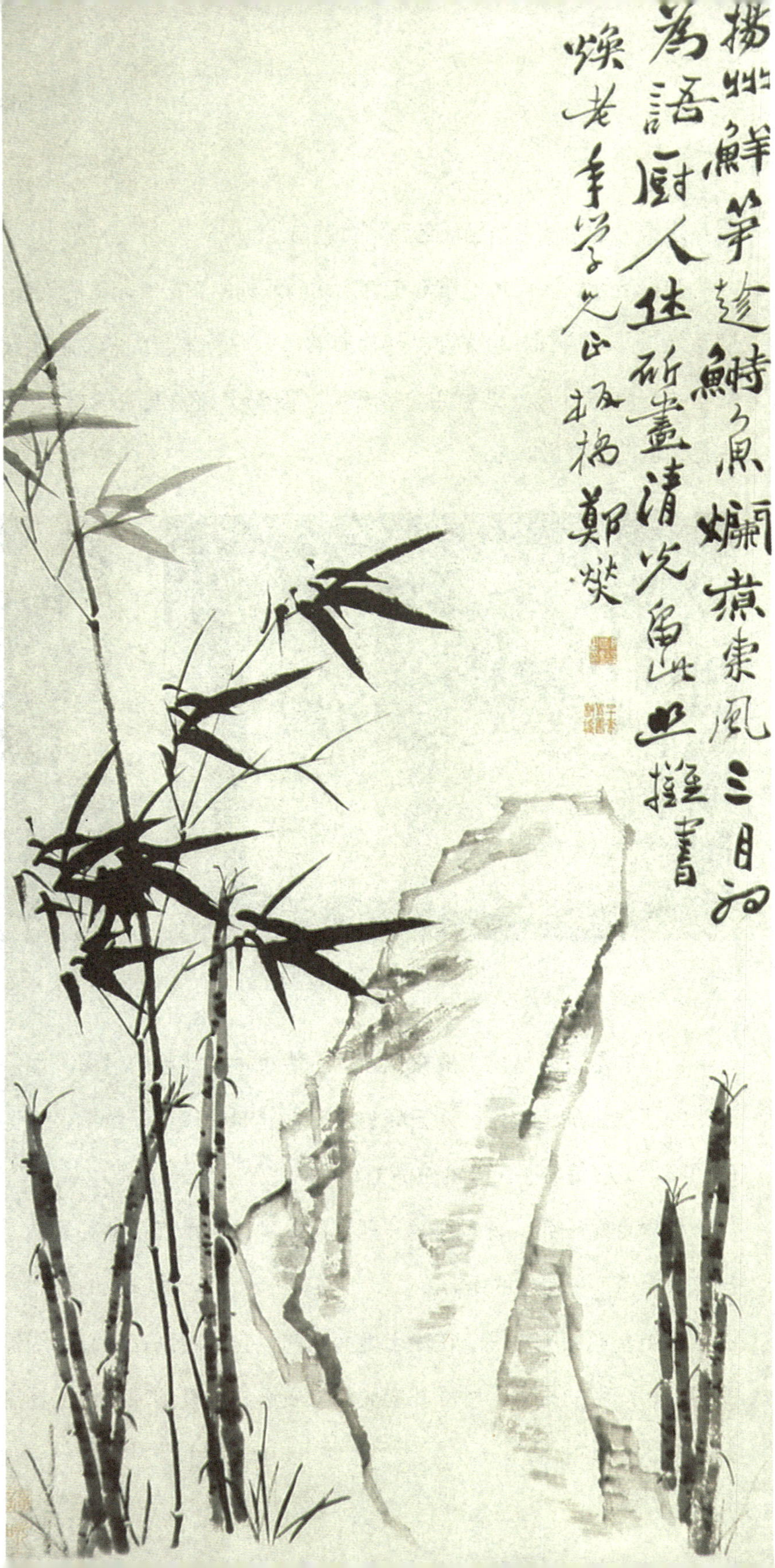

【清】郑板桥《竹石图》

的天光，承受阳光雨露的照拂，它又将自己长成了中空、有节、四季常青的模样，同时也具有了虚怀若谷、心灵辽阔、有气节、耐风霜的精神内涵。

在真正来到编织环节之前，竹子在竹编艺人手中的经历同样充满励志意味。

一根粗大的竹子被砍伐下来，先分成几段，去掉粗大的竹节，刨光表面，然后再使用专业的篾刀将竹筒沿纵向对半劈开，一分为二，二分为四，四分为八……直到变成细细的竹条。

竹条内部的纤维有好几层，要分层处理：先将里层较软的纤维去掉，再根据编织成品的不同将所有竹条削成相同的宽度，接下来将竹条内侧的软纤维全部削刮干净，最终留下的是最外层极具韧性的竹的“皮肤”。这些仅剩青色皮肤的竹条，还要经过水煮之后才能进行编织，不然编成的竹制品容易发霉或招来虫蛀。

编织前的这些工序，和编织本身一样具有高难度。整个过程没有任何帮助人把握尺度分寸的工具，所有的一切都凭“手感”，毫末之间见真功。要想做到力度适中，拿捏得恰到好处，初学者需要练习一年，才能够为编织做好铺垫。

只是准备工作就已如此琐碎繁复，更不必说编织过程的不易。经天纬地，竹木宇宙在指尖的生成，原是一个浩大的工程。物品本身原没有任何意义，是人在物品上所花费的时间和精力，让物品变得珍贵。

了解了这一切，每个人看向传统手工作品的目光，必定会有所不同吧？更何况，这些作品本身并非一成不变，如同人类和时代一直在前进，如同万事万物一直在不断变化，竹编作品也在与时俱进——和潘云峰一样走红海外的竹编匠人，还有李年根，他甚至能用竹条编出可以扫描的二维码！神秘的中国力量，古老又年轻，常变常新。

在中国崛起的伟岸背景中，像潘云峰、李年根这样火出国门的人会越来越多，由此，我们有理由相信，指尖上的竹木宇宙必将以更加耀眼的光芒迎来更多的遨游者，而西安城竹笆市的再次繁盛也将成为可能。

『骡马市』

不被定义的“反差萌”

头一回听到骡马市，竟然很惊讶。原因很直白，城里怎么会有以骡马命名的地方呢？……还有许多街巷的名字，听过多遍也不见记住，唯独这个骡马市，听一回就记住了。

作家陈忠实在《永远的骡马市》一文中如是写道，想必很多人对上面这段话都会产生共鸣。人们印象中的西安，是十三朝古都，是具有国际范儿、文艺范儿的汉唐盛世光环下的长安，犹如一位优雅、知性、大气、华美的贵族女子。而处于西安中心，距钟楼咫尺之遥，居然有一条散发着浓郁乡土气息、名为骡马市的街道，这样的反差的确让人惊讶且印象深刻。这正是西安的迷人之处。高大上的历史文化与接地气的市井民俗，在这里水乳交融、完美互衬，映射出一个独一无二的所在。

骡马市在唐代叫耳窝坊，国家管理手工业事务的机关——少府监就设在这一带。到了明代，这里成了骡马牲畜交易市场，因此得了骡马市这一街名。与此同时，秦腔作为一种新生的戏剧种类在关中大地上出现。

《诗经》的《国风·秦风》共有十篇，文字记录下的是秦地人民的古老歌谣。最初的诗都是用来歌唱的。从那时起，秦腔的诞生就埋下了伏笔。春秋战国时期，在现代人熟悉的蔺相如与秦王斗智斗勇的故事里，机智的蔺相如在秦王请赵王鼓瑟之后，以其人之道还治其人之身，说听闻秦王善为“秦声”，所以请秦王击缶，为赵国的尊严扳回一局。

如烟世事中，古老乐器瑟、缶已难觅真容，秦地人民创作的音乐“秦声”却一直未曾断绝。秦地历来文化厚重，有着讲史说史的传统。从唐代的传奇到宋代勾栏瓦肆里的市井民风讲唱，再到元杂剧的兴起与衰落，明代的三秦大地在经历了音乐戏剧与故事讲述的种种传承演变之后，为世界奉上了独属于自己的原创表达——秦腔。

同所有的戏剧一样，秦腔融诗词歌赋与雕塑、绘画、音乐、歌舞于一身。所不同的是，秦腔携带着周秦汉唐的遗风流韵，踩踏着农耕文明的铿锵步伐，以苍凉浑厚、慷慨激越的音色，将历史风云、家国壮事寄寓于一个个有着亲切细节的故事里，风味独具。

明代中期，秦腔开始在关中大地上唱响，后来有了很多专门演出秦腔的班社。明代文坛著名的“前七子”之一康海，考中状元后曾在翰林院任职，前途本是一片光明，却不想后来受宦官刘瑾牵连而被罢官。赋闲之后，心头郁结无以遣散，康海便在位于陕西武功县的家里创办了秦腔班社康家班。

康海和王九思共同开创了慷慨悲壮、兼具阳刚与阴柔之美的“康王腔”，这就是如今西路秦腔的前身。康海自己既是编剧又是导演、培训导师，他亲自教授弟子们排练自创剧目，培养出了双蛾、小蛮、端端、雪儿等著名演员，对秦腔的传播做出了很大贡献。

康海活得通透。一次有客人来，见康海的窗外一眼望去满目坟冢，便问：“每天面对着坟墓，你能感觉到快乐吗？”康海回答说：“正因为每天面对着坟墓，所以不敢不乐。”康海逝后，康家班解散。几百年后，康海在杭州的一位粉丝李渔，也创办了一个著名的戏班，自己任编剧、导演、培训导师，带着戏班在全国巡演。

旧时，人们要听秦腔，除了去戏班，还可以去商队会馆。陕西的商人中，有很多秦腔“发烧友”，他们听戏，也自己写戏，用赚来的钱养戏班，又利用商旅将秦腔的魅力播撒到全国各地。在这些会馆之中，位于骡马市的梨园会馆显得独树一帜。

梨园会馆是秦腔艺人聚会、交流、学习、演出和敬奉戏神的地方。清乾隆年间初建之时，梨园会馆敬奉的戏神为民间公认的梨园祖师、唐玄宗李隆基，也称三郎庙、老郎庙。到了嘉庆年间，梨园会馆重修之后，主祭的戏神变成了李存勖。李存勖就是唐末五代的唐庄宗，和李隆基一样喜爱戏曲。

当时秦腔艺术已经出现了不同的分支流派：流行于西安地区的叫作中路秦腔，也称西安乱弹；西安以东的叫东路秦腔，也叫同州梆子；西安以西的叫西路秦腔，也称西秦腔。不同流派的人心目中所尊奉的偶像不同，所以梨园会馆就出现了两个戏神。

乾隆年间的秦腔艺人魏长生，幼年丧母，由家乡四川流浪到陕西学习戏曲，最终成为一代秦腔表演艺术名家，多次带领戏班到北京演出，秦腔由此爆红，魅力一度压倒京腔，这就是戏剧史上著名的“花雅之争”。

秦腔在“花雅之争”中胜出，并不意味着永久的高光时刻。随着时代变迁，秦腔艺术也面临改造创新，由此诞生了易俗社、三意社等知名秦腔社团，三意社的最初社址就在骡马市的梨园会馆内。

1915年，西安城出现了一个新戏班——长庆社。长庆社班主名叫苏长泰，陕西商县（现为陕西省商洛市商州区）人。苏长泰不是演技担当，相比演戏，他更擅长经营。长庆社先是在西安东关演出，后来将演出地点定在梨园会馆。1919年，苏长泰病逝，他的徒弟耶金山成了长庆社社长，长庆社改名为“三意社”。

耶金山很善于经营，他买下梨园会馆对面的药材会馆作为固定演出剧场，又招收了一些名角演员，三意社很快成为古城西安最火爆的秦腔戏班之一。

随着时光流逝，苏长泰的三个儿子都已长大，苏新民一心求学，对演戏没有兴趣，苏哲民和苏育民继承父亲衣钵，成了社里的主演。就在此时，三意社内部出现了矛盾，耶金山和很多骨干演员离开，三意社只剩下苏氏兄弟和少数知名演员。起初，苏哲民接任三意社社长，后来社长的重任又落在了苏育民肩上。苏育民天生一副好嗓子，他的唱腔阳刚与阴柔之美并具，“高则响遏行云，低则盈盈在耳”，他的演技与唱腔深得梅兰芳赞许，他本人也曾受到毛主席的接见。

在苏育民的引领之下，三意社重拾往日辉煌，历经百年，至今仍为三秦大地上的人们奉献着精彩的演出。王辅生、何振中、乔新贤、肖玉玲、侯红琴等众多秦腔名角都出自三意社，可谓一社之中，星光灿烂。

苏育民与三意社学生合影

陈忠实在《永远的骡马市》一文中还提到这样两件事：二十世纪五十年代中期，当时上初中的陈忠实随父进城，来到骡马市之后，戏迷父亲在三意社门外徘徊良久，最终没舍得买票。后来，陈忠实参加工作后特意去三意社买票看戏。这是一种补偿，也是一种怀念。

如今，梨园会馆早已消失，只留下了一块石碑，三意社也早已不在骡马市演出。时间的光影里，戏幕起落之间，市声始终喧嚷如昨。从骡马集市、服装贸易一条街到如今的城市CBD（中央商务区），骡马市融合了秦腔艺术与人间烟火，显现了中国传统农业、工业与商业的血脉亲缘。正如陈忠实所说："无论西安日后会靓丽到何种状态，无论这个骡马市会靓丽到何种形态，只要保存这个名字，就保存了一种历史的意蕴，一种历史演进过程中独有的风情的韵味，而没有谁会叫真真要牵出一头骡子或一匹马来。"

这就是永远的骡马市，它很像一个不被定义的、具有反差萌的个性十足的人。

『鸡市拐』

顺着失踪的东稍门，看见人类历史的“活化石”

很多初来西安的朋友都有一个疑惑：南门、西门、北门之外分别有南稍门、西稍门、北稍门，唯独东门外没有东稍门。这是为何？

从周秦汉唐到明代，西安一直有着坚固的城防，护佑着这一方天地的安宁。明代末期，社会动荡加剧，西安地方官便在城墙外围修建了外郭城，外郭城的四座城门承担的主要任务是站岗放哨，所以分别叫南哨门、西哨门、北哨门、东哨门。渐渐地，“哨”的读音变成了“稍”，就成了东南西北四个“稍门”。也就是说，东稍门原本是存在的。清末，八国联军入侵北京时，慈禧太后为避战乱来到西安时，就是从东稍门入的城。东稍门的具体方位，就在如今的鸡市拐一带。

那么，东稍门又是如何失踪的呢？在岁月的流逝中，西安城的外郭城被拆除，四个稍门自然也消失了，只留下四个地名记录着往昔。南、西、北城门之外地势平坦，都有笔直的马路分别通向南稍门、西稍门、北稍门，只有东门外地形特殊：因那里有高地，车辆无法直行上坡，马路只好向北拐弯迂回而修，东稍门恰在拐角之处。

这里堪称黄金拐角，因为东门外的这条马路是人们进出西安城的必经之路，马路上人流量非常大，沿街商铺林立，东稍门所在的拐角处聚集了许多售卖活鸡和鸡蛋的商贩，被人们称为“鸡儿市”，又因为有拐角，后来就称为“鸡市拐”，而“东稍门”这个叫法却渐渐被淡忘了。

新中国成立后，东门外的高地被夷平，随后修建了笔直平坦的东关正街，向北的拐角连同鸡儿市一起消失，只留下一个叫作鸡市拐的地名。从鸡市拐的身世档案中，我们可以找到失踪的东稍门，借此又追溯到东稍门的前世——东哨门。正因为遗存下来的古老地名，红尘中平凡的我们才可以在日常生活与旅行之时，如此近距离地、真切地触摸一座城市的历史文化，这正是中国地名文化的独特价值所在。

与人初相识，总要问一句：“你从哪里来？要到哪里去？”每个人都有自己的来处和去处，地名连接的，不只是脚步的行进方向，也是精神的漫游方向。地名不只提示地理方位，更是一种古老的文化现象。研究表明，早在文字产生之前，就有了地名。

上古洪荒，原始人类外出寻找食物之时，为了能顺利找到回家的路，就需要为某些特别的地理实体设置代号，就如同每个人的名字一样，地方也有了名字。春秋战国时期成书的《周礼》中，第一次出现了“地名”这个词。

作为历史文化的灿烂遗产，地名将上下五千年、纵横九百万的中国囊括其中，正如著名历史地理学家谭其骧先生所言：“地名是人类历史的一块‘活化石’，是一种看得见的乡愁。”

读懂了中国的地名，就读懂了中国；读懂了西安的地名，就读懂了西安。地名将过往的时光浓缩，寥寥数字之间，却是一个包罗万象的世界。每一个地名背后，都有着诗意与趣味兼具的故事；每一个地名，都是历史的见证、文化的载体、情感的寄托。目前，国家地名信息库收集的地名有一千二百多万条，无法一一细数，哪怕只做全景式的观览，也能令人瞬间大开眼界。

有些地名的集会，便是一场顶级的色彩视觉盛宴：赤峰、红河、黄石、黄冈、青岛、绿春、蓝田、紫阳、白银、黑河、金昌……还有些地名，色彩是隐形的："呼和浩特"在蒙古语中的意思是"青色的城"，这个名称起源于明代的"库库和屯"，蒙古语称青色为"库库"，城为"和屯"，库库和屯用青色砖瓦建成，远望便是一座纯青之城；"阿克苏"在维吾尔语中意为"白色的水"，因为其境内有清澈的阿克苏河。

有些地名则对数字情有独钟：零陵、一江山岛、二连浩特、三亚、四平、五常、六安、七里河、八公山、九江、十堰、百色……不过，你可别被这表面上的数字欺骗了，有些地名有数字之名，其实与数字无关。比如零陵，是因舜帝葬于泠水之源，原名应为泠陵，古代"泠"与"零"通用，因此便被叫作"零陵"；二连浩特，也跟"二"没有关系，蒙古语中"二连"意为"斑斓"，"浩特"意为"城市"，"二连浩特"意为"色彩斑斓的城市"；而六安的"六"，读音与"录"相同，古代有六安国，六安之名遂沿用至今；百色则是壮语的音译，跟数字百也没有什么关系。

古人对于万物自然的崇拜与敬畏，也遗留在地名里。比如河南省简称“豫”，“豫”在《说文解字》中的释义为“象之大者”，河南曾出土黄河象化石，殷商妇好墓中出土过象牙器、玉象等文物，这些都说明河南先民曾将大象作为崇拜物，所以河南卫视的台标为大象，河南台也被观众们亲切地称为“大象台”；山东靠海，人们自古与鱼亲近，对鱼也颇为崇敬，《史记》中记载，孔子生了儿子，鲁昭公派人送来鲤鱼，因此孔子给儿子取名孔鲤，字伯鱼，而“鲁”的甲骨文字形，上部为鱼形，下部颇似器皿，山东因此以“鲁”为简称……类似的趣闻，不胜枚举。

甲骨文“鲁”

有些地名，是人们对历史人物或近现代英雄人物的致敬与怀念，比如禹州、炎陵、神农架、中山市、志丹县、尚志市、吴忠市、子长市、靖宇县、左权县等。

还有些地名极具迷惑性，必得细细探究才不会被字面意思所误导：秦皇岛不是岛，北戴河不是河，可可托海没有海，广州湾不在广州，陇县不在甘肃在陕西，陕县不在陕西在河南，火星村不在火星而在地球上的中国……

中国地名文化如五千年历史一样纵深，如九百万地域一样辽阔，作为中华传统文化的一部分，那样博大精深，又与我们的烟火人间如此贴近。也许正因司空见惯，我们有时候忘了去追寻一个地名背后的故事与文化。随着近年来传统文化的复兴，地名文化也开始回归大众视野，地名文化博物馆、地名文化遗产保护名录以及中央电视台火爆的文化节目《中国地名大会》……如此种种，都说明古老的地名文化如今重新焕发了青春。从地名看文化，从文化看中国，看中国的每一座城市、每一处角落。

就像走在西安城中，从对于失踪的东稍门的好奇开始，我们可以溯流而上，看见西安城的过往，寻回那些流失已久的集体记忆和乡愁。借地名的小小窗口，我们看见地名文化的神奇博大，看见中国历史的“活化石”，从而为“我从哪里来，要到哪里去”这个命题作出更好的注解。

『乐居场』

古人的停车位，现代的艺术品

生活在不同时空，现代人常对古人的日常生活表现出强烈好奇，比如有人可能会问：古代有没有停车场，古人又是怎么停车的？

古代的车马需要停放休养，当然也会有停车场。对于皇家来说，停车的问题很好解决，因为有专门的皇家马厩。皇家马厩里配有各种不同的专职工作人员，负责赶马、养马等事宜，各皇室成员也有专用的停车位。

朝廷驿站、朝廷官员和豪门大户虽有专门的马厩用以停放车马，但有时为了方便短时停放，便设置了临时停车场：在大门外左右两边各修一根用来拴马的立式石柱——拴马桩，再搭配上马石、下马石，便是妥妥的停车场。

自从人类驯化了马儿，拴马就成为一件必要的事。起初，人们并没有为拴马而花太多心思，随随便便一棵树、一根木桩、一块石头都可成为束缚马儿的载体。后来，随着社会的发展，开始有了专门制作的拴马环、拴马石、拴马柱等，直到后来出现了拴马桩。

其实，早期以农耕文明为主的中原并没有拴马桩，到了元代，随着北方游牧民族的融入，拴马桩才开始在全国流行起来，目前遗存的拴马桩大多为元代至明清时期的实物。拴马桩的前身是拴马柱。

拴马柱最早的形象出现在唐代韩干的名画《照夜白图》中，画的主角是唐玄宗最喜爱的马“照夜白”。按理说，作为大唐盛世皇帝最宠的马儿，拴马的器具也应该非同一般，但《照夜白图》中的拴马柱，却只是一根普普通通的多棱柱，平顶，没有任何装饰和雕塑，上面只有固定马缰绳的铁环。

宋代《百马图卷》中绘制了二十多个拴马柱，柱身呈圆形，近似棒槌。元代《饲马图》中马槽槽头拴马的立柱为六棱形，柱头雕有莲及云形状的纹饰，与我们现在看到的拴马桩非常近似。

作为拴马柱的升级版，拴马桩显得颇为讲究精细：桩身为方，桩首为圆，应和古人“天圆地方”的理念；桩身的浮雕多以莲花卷草纹、天马或锦鸡的形象出现，视觉上给人一种舒缓流动之感，就像一篇乐章的起始；桩颈如同乐曲的过渡音符，连接的是桩身和桩首，然而这过渡和连接处也不马虎，雕饰得仍然异常精致。如同一个人的眼睛一样，拴马桩的桩首，是整个桩体中最为传神的所在。桩首的立体雕塑常雕成狮子、猴子、人物或人与动物混合的造型。自从西汉时期由西域进入中原以后，狮子就凭借其威猛有力的外表成了驱魔避邪的实力担当，所以桩首雕狮子不难理解。但为什么要雕猴子呢？这个说起来跟孙悟空还有点关系。

《西游记》中，玉帝给孙悟空封的官叫“弼马温”，玩的其实是谐音梗。据古代医书《齐民要术》和《本草纲目》记载，古时养马的人家在马厩中养一只猴子，可以有效避免马生瘟疫，也就是猴能“避马瘟”。另

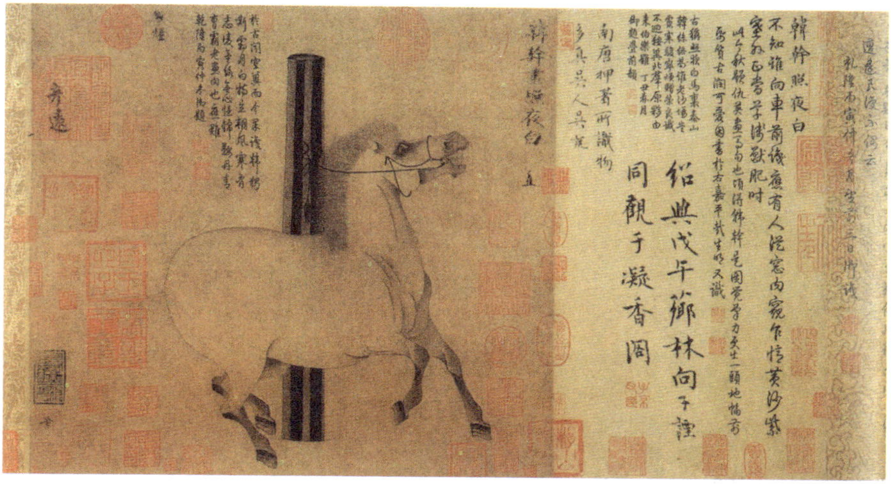

【唐】韩干《照夜白图》

【元】任仁发《饲马图》

外，“猴”与“侯”谐音，也表达了人们希望封侯发家的美好愿望。有时候你会看到有些拴马桩的桩顶上雕着两只相背而坐的猴子，或者大猴身后背小猴，这就是“背背猴”——“辈辈侯”，玩的还是谐音梗。

桩首雕的人物中，有胡人，有汉人，有抱瓶的仕女，也有神仙。人与动物的组合大多为驯狮人，有趣的是，驯狮人中有的是汉人，有的是胡人，有的弹着琵琶，还有的竟然是纤弱的美女。

拴马桩　张子豫 / 摄

说起来似乎有点奢侈——不就是拴个马嘛，何必要这么大费周章！如果这样想，你可就不懂古人的小心思了。其实，拴马桩也可以看作降级的华表。古代在宫殿、寺庙、碑亭或陵墓旁常会立雕刻精美的石柱，既是风水的指引，也是地理的标志，这就是华表。不过，华表虽好，却只限于皇家使用，普通人用了是要被杀头的。

想拥有却不能，怎么办？聪明的古人自有折中的办法，在拴马的石柱上雕雕刻刻，不就是简易版的华表吗？况且这样做，也没有超越等级界限，充其量也只是在家门口拴马的柱子上做了些装饰而已，这样一来，皇家也抓不住把柄。

因为既能显示身份高贵、作为炫富的资本，又能镇宅避邪，拴马桩就成了大受追捧之物，开始只有一些富家大户拥有，后来在民间广泛流行开来。关中地区遗留下来的拴马桩数量非常多，关中民俗艺术博物院收藏了历代拴马桩八千六百多根。这些拴马桩主要来源于关中地区渭北一带，是关中几千年来民族生存史和交流史的重要见证。

西安城中有一处地方，当年应是拴马桩的密集地。此处在唐代位于东市区域内，东市售卖的都是高档奢侈品，周边住的全是达官显贵，因此异常繁华热闹。到了明末，这里成了停放车辆的场所，相当于如今的公共停车场，由此得名“落车场”。关中方言中，“乐”与“落”同音，古代“车”与“居”同音，所以“落车场”就变成了“乐居场”。古人的停车场与停车位已成为历史，但乐居场这个地名沿用至今。

随着马儿淡出人们的日常生活，标示着临时停车位的拴马桩也变成了石雕艺术品。坚硬的石头被勤劳的双手，一步步雕刻成人的生命史、心灵史和风俗史。民间的智慧和创造力常常会给人惊喜，即使隔着千百年光阴，那些历经风雨剥蚀依然留存的物件，依然会让现代人一见之下备感亲切。

我们与古人，隔空相视而笑。

拴马桩　加博尔·霍瓦特/摄

『炭市街』

白居易的唐诗现场

如果你问一个老西安人："西安哪里鱼虾海鲜品类最丰富?"得到的回答很可能是："炭市街。"请不要露出惊讶疑惑的表情，很长一段时间里，炭市街都是吃货的天堂——那里聚集了各类副食，海鲜水产更是应有尽有。

可既是卖海鲜水产的街市，为何又叫炭市街？原来，清朝的时候，这里集中了很多售卖木炭的商贩，因此得名炭市街。也有一些人是因生计所迫，自己从南山砍伐树木烧成木炭后带到集市上来卖，借此换取微薄的生活所需。

这不禁让人想起唐代诗人白居易的《卖炭翁》一诗：

卖炭翁，伐薪烧炭南山中。满面尘灰烟火色，两鬓苍苍十指黑。卖炭得钱何所营？身上衣裳口中食……

时代不同，但人们的遭遇何其相似。总有一些人为了生活在拼尽全力。

要让木头焚烧后不会变成无用的松散灰烬，而仍是凝固的形体，且还能更为持久地燃烧，这是一件难度系数相当大的活计。用现在的话来说，木炭就是木料在不完全燃烧或者在隔绝空气的条件下，进行热分解之后留下的燃料。东汉许慎在《说文解字》中的描述显得更为简洁："炭，烧木留性，寒月供然（燃）火取暖者，不烟不焰，可贵也。"

寥寥数语，信息量非常大。木头经过火的灼烧之后，还保留着木的本性，甚至性能更优——相比木头，木炭燃烧起来没有明亮照人的火焰，没有呛人鼻息的烟气，如同一个历经磨难后顿悟的智者，低调安静，踏实地做着自己的事。

如此好物，我们的祖先早已拥有。2021年，山西绛县西吴壁遗址发现了一处二里头文化时期的木炭窑，这是我国迄今为止发现的最早的木炭窑遗址。这证明至少在中国最早王朝——夏朝，木炭就已经产生。不过，那时候的木炭烧制技术还不够成熟罢了。

到了商周时期，木炭的烧制方显得得心应手。周朝不但有专门管理木炭的官员，还将木炭的相关事宜上升到了法律层面。这是因为小木炭有大作用——烧饭取暖是最基本的，更重要的是能够冶炼青铜。可以说，商周时期灿烂的青铜文明，也有木炭的一份功劳。

随着与木炭日益亲近，人们才发现低颜值的炭其实是个宝藏之物，它的隐藏功能很强大——除了做饭取暖、冶炼青铜器外，后来大大方便、美化了人们生活的铁器、陶瓷、酒等，都是在炭火的加持之下才得以与世人见面。这还不算，在有些看似与木炭八竿子打不着的地方，比如丧葬、祭祀、医药、火药、绘画等领域，它也是妥妥的实力担当。

春秋战国和秦汉时期，人们将木炭堆放在棺椁外围，利用木炭的吸湿性来减少水分对棺椁的侵蚀。魏晋南北朝时期，炭开始被当作药物使用。晋朝的葛洪、唐代的孙思邈、明代的李时珍，这些知名的医药大咖，都曾在医药典籍中留下了以炭入药的记载。我国四大发明之一的火药，初始的配方就是硝石、硫黄、木炭。在艺术家眼里，木炭成了画笔，民间的炭画技艺一直从古流传至今。

在人们的普遍认知中，木炭似乎只能是黑色，其实不然。随着烧炭工艺的发展，人们在黑炭的基础上烧制出了白炭。黑炭是木头在窑内不完全燃烧、自然冷却后再开窑取出而形成的。白炭则是将燃烧后炽热的木炭在出窑与空气接触之后，再次进行加热又冷却后形成的。相较黑炭的沉重，白炭在视觉上给人的感觉就轻盈多了，事实上白炭的重量确实更轻，价格自然相对更高。

烧炭不易，木炭在古代本就是奢侈品，只有富人才用得起，白炭就更是奢侈品中的奢侈品了。不过，对于生活在盛世大唐的人来说，白炭可就不算什么了，因为还有更高级的炭。《开元天宝遗事》记载，唐代皇宫曾收到一批西凉国进贡的上百条“瑞炭”，这些炭条每根长一尺多，坚硬如铁，闪着金属光泽，烧于炉中，无焰有光，每条可持续燃烧达十天，热气逼得人无法接近。另外，据说杨玉环的哥哥杨国忠家里烧的炭，是用蜂蜜将炭屑捏塑成双凤形，烧炉时用精贵的白檀木铺在炉底，如此的穷奢极欲，已经完全背离了木炭为人们烧饭取暖的初心。

唐朝人为木炭设计出的造型还有兽形。唐代诗人元稹在诗中写道："腊酒自盈樽，金炉兽炭温。"天寒地冻，室内却温暖如春，酒满满地斟上，炉中做成兽形的木炭烧得正旺，这同样是富人的专属幸福时刻。

在唐朝，木炭是人们过冬的刚需品。唐玄宗在位时，专门有名为"木炭使"的官员，负责木炭相关事宜。在秦岭砍柴烧炭，然后带到长安城中售卖，这在唐朝是相当火爆的职业，白居易笔下的卖炭翁就是当年集市上卖炭大军中的一员。

因为烧制木炭对树木的消耗量非常大，又因为树木生长缓慢，因此在南方一些盛产竹子的地区，人们就发明了竹炭。此外，煤（古称石炭）的出现，也大大弥补了木炭不足的问题。

一向以风雅著称于历史的宋朝人，在炭这件事上的讲究程度，相比唐人有过之而无不及。比如，进贡给皇宫里的炭，一律都要制成野兽的形状。到了南宋，作为偏安小朝廷的主子，宋高宗可以忍受国土沦丧，风雅、奢华的享受却从不苟且，他要求进贡的炭必须是"胡桃纹""鹑鸪色"。你们唐朝不是讲究炭的形状么？我就来讲究一下炭的纹理和颜色，比比看，谁更傲娇？

其实不止唐宋，元明清各朝也都非常重视木炭。元代设柴炭局，明清有惜薪司，都是掌管薪炭的专门机构。不过，虽是皇家，木炭也不是应有尽有。据记载，清代后宫木炭的每日供应标准为：皇太后一百二十斤，皇后一百一十斤，皇贵妃九十斤，贵妃七十五斤，公主三十斤……因此后宫中经常会出现因木炭而起的争端。

到了清末，这样的场景就非常少见了。宣统二年（1910年），皇宫里开始用上了进口的电暖炉。电暖炉耗电量惊人，对于普通老百姓来说，这是遥不可及的梦想，木炭才能带来实实在在的温暖。所以，西安城中的炭市街还原了唐代白居易诗中的现场——卖炭人从南山伐薪烧炭，在集市上怀着希望等来光顾的人，为千家万户送去光热的同时，也让自己的生活燃起希望。

时至今日，木炭已淡出人们的生活。炭市街没有了木炭的身影，却依然承托着人们的烟火日常。看似寻常的古街老巷，才是生活滋味最为浓厚之处。

『案板街』

古调独弹，伶学行道

电视剧《觉醒年代》热播之后，一大批新文化志士在当代年轻人中圈粉无数，这其中就包括才华溢出屏幕、犀利傲娇又自带萌点的鲁迅先生。很多人纷纷表示要阅读鲁迅，做“人间清醒”。

要了解真实而立体的鲁迅，最好的方法莫过于阅读他的日记。在1924年的日记中，鲁迅详细记录了一次难忘的西安之行。那时的鲁迅刚搬到北京西三条二十一号新居不久，便接到了西北大学的讲学邀请。

那时交通不便，鲁迅和孙伏园等十几人经过七天的辗转劳顿，终于在十四日到达西安。时值七月，烈日炎炎，西安城中到处都是盛放的白色木槿花。这是鲁迅第一次来西安。之前在旅途中，同伴们谈论起西安，鲁迅特别提到了易俗社。有人表示不解：易俗社不过是一个秦腔戏剧班社，何以能得鲁迅如此关注？

其实，鲁迅与易俗社的渊源颇深。1912年，他初入教育部，也是在这一年，西安易俗社成立。易俗社原名叫“易俗伶学社”，单看这个名字，就可以推断这个艺术团体不只演出，还兼有戏曲教育的功能。辛亥革命使中国社会改换了天地，民众的思想认知也需要更新。陕西同盟会会员李桐轩、孙仁玉等人决定从三秦人民喜爱的秦腔艺术入手，“组织新戏曲社，编演新戏曲”，期待以此启迪民智、移风易俗，为社会教育助力。

除了重视演员的文化课和专业课教育，易俗社还有一个最鲜明的特点——他们编演的新戏不但为原创，且主题都是反对封建迷信、提倡读书识字和婚姻自由、揭露社会黑暗的。鲁迅在教育部曾主管社会教育工作，戏剧也在他主管范围之内，易俗社编演的剧本多次被送往教育部进行审核，因此鲁迅对易俗社印象深刻。易俗社的办社宗旨与鲁迅提倡的新思想、新文化不谋而合。正因鲁迅非常重视戏剧改革，1920年易俗社得到了教育部的“金色褒状”，也就是金奖。

到西安后的第三天夜晚，鲁迅终于来到了期待已久的易俗社观看演出。易俗社坐落在西一路，距钟楼咫尺之遥，西为北大街，南为东大街，东墙外是案板街。案板街这个名字听起来很接地气，在唐朝先是都水监（相当于如今水利部）所在地；晚唐时长安城缩建改造后，这里成了居民区；到了明末清初时，这条街因卖案板而有了案板街之称。

这晚安排的演出是秦腔名剧《双锦衣》前本。《双锦衣》这部剧在荡气回肠的爱情故事中寄寓了深沉的家国情怀，同时也将对时弊的针砭、对民智的启发蕴藏其中。编剧吕南仲是浙江绍兴人，与鲁迅同乡，在易俗社观剧期间由他作陪，鲁迅觉得特别亲切。

次日晚，鲁迅在易俗社观看了《双锦衣》后本，接下来的十八日、二十六日两天夜里，鲁迅又来到易俗社，分别观看了《大孝传》和《人月圆》。鲁迅很喜欢戏剧，对戏剧也有一定的鉴赏力，秦腔戏虽不能完全听懂，但他欣赏秦腔的阳刚坚硬、大气磅礴，这正与他内在的气质相契合。在谈到家乡绍兴戏的时候，鲁迅说：“绍兴戏要比毗邻的嵊县越剧刚硬得多，实是秦腔的旁支兄弟。”言语之间，流露出的是对秦腔的喜爱。

鲁迅对陕西方言也颇感兴趣，到西安后曾用刚刚学会的方言对孙伏园说：“张秘夫要陪我们去看易俗社的戏。”西安方言将“书”念作“夫”。每次在易俗社观剧结束，吕南仲都要请鲁迅谈谈看法，鲁迅先生每次都给予好评。他认为在当时交通不便的情况下，西安能出现这样一个易俗社，实在难能可贵。

当时适逢易俗社建社十二周年，鲁迅亲笔题写了“古调独弹”四字，并制成匾额赠送给易俗社，以表示对易俗社所获成就的肯定和祝贺。鲁迅的书法融篆书、隶书于一炉，质朴洒脱又不失法度，笔墨之间，文人风骨和金石之气尽显无遗。“古调独弹”匾额，是易俗社的金名片，亦是最有纪念意义的礼物之一。

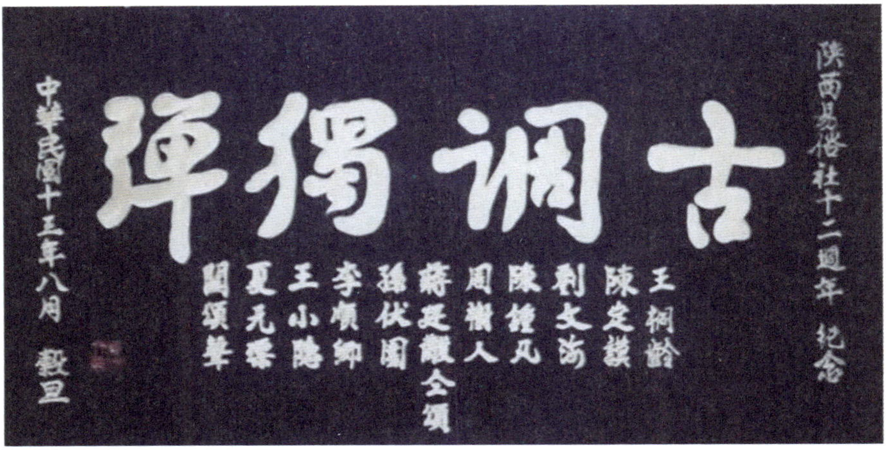

鲁迅先生所题的“古调独弹”匾额

时间过得很快，鲁迅等人的西安之行接近尾声。八月三日，离开西安的前一晚，易俗社特地设宴为鲁迅饯行。这是一次特别而令人难忘的宴会，宴席摆在易俗社的剧场里，席前就是舞台，刘箴俗等名角在台上表演着精彩的节目，台下宾主共坐，一边享受美食，一边谈笑风生。

经过这些日子的相处，鲁迅和易俗社的朋友们已经非常熟悉。他深知易俗社的不易，也深知那些演技精湛的艺术家们过的是怎样清苦的生活。鲁迅被这一群人对秦腔艺术的热爱所感动，在离开前，他将五十块现大洋捐赠给易俗社，这是他在西安讲学所得的酬金。那时的鲁迅，背负着养家的重任，又刚刚买了新居，手头也并不宽裕。

在西安停留的不到二十天的时间里，鲁迅先后五次来到易俗社。八月四日清晨，鲁迅等一行人东行离西安而去。西安城中，满城盛开着白色的木槿花，秦腔的铿锵音韵响彻在时光隧道之中。

岁月倏忽，鲁迅先生早已逝去多年，“古调独弹”的匾额依然挂在易俗社的剧场之内，记录着一代文化巨匠与一个百年老社的美好遇合，那是鲁迅战斗的一生中值得记忆的时刻，也是易俗社被眷顾、被照耀的高光时刻。

如今，易俗社已经一百多岁，它与莫斯科大剧院、英国皇家剧院并称为“世界艺坛三大古老剧社”，但它又是如此青春——易俗社的剧场里，秦腔的激昂唱腔一直延绵至今——只是现在的剧场已不是当年鲁迅所看到的，在案板街，富有现代气息的易俗大剧院巍然矗立。易俗大剧院与新落成的陕西秦腔博物馆及钟楼、钟楼书店，像众星拱月一般，将易俗社围在核心，共同组成了西安的新地标——易俗社文化街区。

易俗社文化街区一角

秦腔是古调，是古老的戏剧艺术，易俗社创作了独属于自己的秦腔剧本，赋予了古老戏剧以新的面貌和思想。学道不如悟道，悟道不如行道。独弹古调的易俗社，将伶学的“道”践行于永不停息的步履之间。

『五味什字』

迷醉在中华本草的香气里

高德地图曾利用大数据推出《中国城市地名图鉴》，西安的五味什字与未央路上榜“北方最具诗意路名”。其实，五味什字还能够上一个榜单：西安迷惑地名大赏。

很多人都以为五味什字是一个十字路口，但其实这是一条东西向的小街，东起南院门，西至五星街。唐代，这里是国家机关宗正寺和御史台所在处，想来是比较肃静的所在。不过到了每年正月十五元宵节，此街便画风突变，成了热度最高的“网红打卡之地”——唐长安城知名度最高、规模最大的灯市就设在这里。

平日里，朝廷实行宵禁，夜晚人们便只能闷在家里。节日宵禁解除，元宵节观灯是全民狂欢的高潮，人们可以尽情放飞自我、自由出入，走街串巷看花灯之际，青年男女也许会不经意间就偶遇了爱情。

当大唐如星陨落，昔日殿宇的巍峨与灯市的繁华化为回忆，这里住进了平民，后来的元代，空气中飘起了浓郁的中草药香，林立的药店使这条小街与南广济街共同拥有了“药市街”这个名字。再后来，明清时期，这条街上的药店更为密集，其中包括藻露堂、万年堂、树仁堂、敬元堂等众多知名老字号。五味什字这个街名，即由此形成。

既是与中草药有关，又是一条街，那为何要叫五味什字？我国古代最早的药物学专著《神农本草经》中说："药有酸咸甘苦辛五味，又有寒热温凉四气。"此街以中药闻名，又与广济街相交于十字路口，所以人们就将这条街称为五味什字。

或许你会感到奇怪：酸咸甘苦辛五味，一般不是用来形容食物的滋味吗？其实，这并不矛盾，因为中药和食物本是同出一源。

远古时期，人们的食物大多来自野果以及植物的根茎等。因为对植物并不了解，人们可能会因为食用某种植物而感到不适，又会偶然因为食用另一种植物而让不适和病痛的感觉消失。传说神农氏曾冒着生命危险品尝了成百上千种植物，后来分辨出了有毒的植物和可食用、可治病的植物，因而被后世称为"农神"与"药神"。《神农本草经》据说是神农氏的经验世代口耳相传之后在汉代成书的，其实是诸多医药学家集体智慧的结晶。

传说中尝百草的不止神农氏，还有岐伯。相比神农氏，岐伯的形象更为真实。我国最早的医学专著《黄帝内经》记载的就是黄帝与岐伯的对话，书中的岐伯谦恭有礼，丰富的医学专业知识使他成为后世公认的中医鼻祖。

神农与岐伯尝百草，许多植物开始成了能治病救人的中药材。到了春秋战国时期，名医扁鹊发现取自动物身上的牛黄竟然也能作为中药材使用。说起来这是个偶然发生的有趣小故事。

一天，扁鹊正在家里整理桌上锻制好的金礞石，邻居阳宝急急来寻，说自家杀牛时，发现牛肚子中有两块奇怪的“石头”。扁鹊将牛的胆囊剖开，把那两块“石头”拿回家，与金礞石放在一起，准备回头细细研究。却不料阳宝又急急来寻，说自己的老父亲突发疾病，双目上翻、浑身抽搐不止。扁鹊看过病人之后，便吩咐阳宝到自己桌上取金礞石来研末成药，让老人服下。说也神奇，药末下肚之后，老人的病瞬间好转。扁鹊回到家，发现桌上的金礞石丝毫未少，那两块从牛肚里取出的“石头”却不见了。原来，阳宝慌乱中错将那“石头”当成了金礞石。那“石头”竟能治病？第二天，扁鹊就继续用那“石头”做药，谁知阳宝的父亲奇迹般痊愈了。扁鹊因此将这从牛肚中取出的深黄色石状之物命名为“牛黄”。

在漫长的岁月里，人们发现了越来越多的药物，这其中不仅包括植物，也包括动物身上的某些部分以及自然界的矿物质，只是用得最多的还是植物药材，“草为药之本”，因此中国人习惯将中药称为“本草”。

作为中华传统文化宝山中的一座富矿，中医药文化并非仅仅治病救人那样简单，其中还蕴含着非常丰富、深刻的思想。作为常人而言，最能直接感受到中医药文化魅力的，是那一个个如诗词般耐品的中药药名。

云母屏开，珍珠帘闭，防风吹散沉香。离情抑郁，金缕织硫黄。柏影桂枝交映，从容起，弄水银堂。连翘首，惊过半夏，凉透薄荷裳。一钩藤上月，寻常山夜，梦宿沙场。早已轻粉黛，独活空房。欲续断弦未得，乌头白，最苦参商。当归也！茱萸熟，地老菊花黄。

这首题为《满庭芳·静夜思》的词，据说是南宋词人辛弃疾在新婚不久赴战场杀敌，于夜深人静之时写给妻子的。读这首词，不但能令人感受到英雄词人柔软温情的一面，还说明辛弃疾本人和他的名字一样，对于强身健体、寻医问药颇感兴趣，因为整首词竟是用二十五味中药药名连缀而成：云母、珍珠、防风、沉香、郁金、硫黄、柏叶、桂枝、苁蓉、水银、连翘、半夏、薄荷、钩藤、常山、缩砂仁、轻粉、独活、续断、乌头、苦参、当归、茱萸、熟地、菊花。

与辛弃疾一样，历史上很多文人大家都喜欢用药名连缀成诗词，比如唐代的皮日休、陆龟蒙以及明代的吴承恩。在《西游记》中，吴承恩写了很多中医药治病的故事，他自己还写了一首构思新巧的药名词《西江月》：

石打乌头粉碎，沙飞海马俱伤。人参官桂岭前忙，血染朱砂地上。

附子难归故里，槟榔怎得还乡？尸骸轻粉卧山场，红娘子家中盼望。

这首词本是写孙悟空与进犯花果山的猎户大战的激烈场面，却巧妙地嵌进了乌头、海马、人参、官桂、朱砂、附子、槟榔、轻粉、红娘子等药名，读来令人耳目一新，拍案叫绝。

由一个个汉字组合而成的、看似简单的中药药名，其中内蕴却非常深广。传统文化的方方面面都与中医药文化水乳交融，难分彼此，互相成就，共同构筑了中华文化大观园。

尾草、牛膝、虎杖、菟丝子、龙眼、蛇胆、马钱子、羊蹄、猴姜、鸡骨草、狗脊、猪苓……这些药名体现了中医药文化与生肖文化的遇合;地龙、柽柳、韭菜子、艾叶、莲子、菊花、乌梅、桑叶、夏枯草呼应着物候与节气，是中医药文化与农耕文化的遇合，也是“天人合一”思想的体现;甘草、柴胡、山药、三七，印证的是儒家文化的中庸之道;雪莲、人参、珍珠、灵芝等自带仙气，正与道家飘逸出尘的自由精神相映;而苏合香、乳香、马钱子、青黛、诃子、仙茅、白豆蔻、款冬花、细辛、益智仁、胖大海等药名，则携带着浓烈的异域气息，它们随丝绸之路的驼铃声出现在中国大地上，从此也被中华文明同化，成为中华菁菁本草的一部分。

近些年，随着中华传统文化的复兴与回归，中医药的珍贵之处正在被越来越多世人所认识。中华文明之所以几千年未有中断，中华民族之所以繁荣兴旺，最根本的原因在于中医药为人们身体所提供的庇佑。从来不需要想起，永远也不能忘记。中医药文化其实已深深植根在中国人的日常生活中，我们的衣食住行、四季三餐，都浸润在浓郁的中草药香里。

西安城中，五味什字林立的中药店铺虽已不在，但百年中药店藻露堂在城中仍随处可见，中医药文化的脉络一直在延续。走在五味什字的街上，口中念着这个滋味浓厚的名字，似有中草药的香气飘进鼻息，身心为之轻快，迷醉之中，耳边响起周杰伦的歌《本草纲目》:“如果华佗再世，崇洋都被医治。外邦来学汉字，激发我民族意识。马钱子、决明子、苍耳子还有莲子，黄药子、苦豆子、川楝子，我要面子。用我的方式，改写一部历史……”

「炮房街」

查找火箭的身世档案

走遍西安那些大大小小的市井街巷，细数一个个地名，感官也一一被唤醒、打开：在冰窖巷，触摸到的炎夏中的清凉，由指尖沁入心扉；在印花布园，享受中国传统色铺陈古今、斑斓万千的视觉盛宴；在五味什字，鼻息间嗅到的是中草药香，亦是生活诸味交杂之气……

那么听觉呢？听到炮房街这三个字，也许你的耳朵会为之一震，以为西安城东关的这条小街，得名与战场、炮火相关，实质上，它不过源于老西安人节日期间的娱乐与消遣——从明代开始，这里聚集起了一家又一家制作爆竹纸炮的店铺，炮房街的名字即由此而来。

虽然这是一个美丽的误会，但却并非毫无道理。因为爆竹纸炮与炮火、火箭有着扯不断、理还乱的纠葛与联系。

古时，人们在严冬点燃竹子取暖，在火焰的灼烧之下，竹子似痛不能忍，发出噼噼啪啪的爆裂之声，这声音听起来有点恐怖，人们认为这正好可以吓退那些神秘的、隐藏在暗处的鬼怪，所以每逢节庆之日，人们都要燃烧竹子以驱邪避灾，这就是原始的爆竹。

节庆日燃烧爆竹的习俗一直延续到了唐朝，只不过唐朝的爆竹有了升级版。据说初唐时瘟疫四起，唐太宗李世民为此焦虑难安。这时出现了一个名叫李畋的人，他将硝石装在竹筒里点燃，相比原生态的竹子，装有硝石的竹子在燃烧时声响更大、烟雾也更为浓烈，人们争相购买这种新型爆竹，以期驱散瘟疫。说也奇怪，这以后疫病竟然慢慢得到了控制，最终消散了。人们都说这是李畋发明的爆竹驱散了瘴邪之气，这时候的爆竹似乎才被认为是真正的爆竹，所以后世将李畋尊为爆竹祖师。

唐朝的爆竹已经有了进步，但人们还是不满足。到了宋代，我国四大发明之一的火药出现后，人们受到启发，在竹筒中填入硝石、硫黄和木炭等的混合物，爆竹的威力得到进一步升级。随着人们对火药日益熟悉，制作工艺更有技术含量、燃放时更具观赏性的烟花出现了。相较于其别名烟火、焰火，烟花的称呼更富诗意和画面感，也更为贴切——爆竹刺激的是人的听觉，烟花则将声响淡化，重在用烟雾的形色变幻出不同寻常的视觉效果，为人们平淡的日常增添一点趣和美。

北宋时有不少关于烟花的记载。这也不难理解，对于会享受生活、钟情风雅的宋人而言，烟花是一种不可或缺的存在，到了南宋人手里当然更是如此。

宋孝宗在治国理政上不怎么在行，玩烟花却很有创意。一次在观赏钱塘江大潮时，宋孝宗先命五队士兵迎着潮水挥旗舞刀，然后开始燃放五色烟花，一时间观者眼花缭乱，不知该看向哪里。

有时候，烟花带来的惊喜可能会变成惊吓。据史籍记载，一年元宵佳节，宋理宗为表孝心请太后观看烟花表演，不料一枚烟花居然径直蹿到了太后脚下，太后顿时大惊失色，场面一时有些尴尬。那枚有罪的烟花，名字叫“地老鼠”。

“东风夜放花千树，更吹落，星如雨。”南宋词人辛弃疾在元宵节街头所看到的烟花，是一种名叫“流星”的烟花。这种烟花是将火药装入纸筒用药线点燃后，令纸筒内的铁粉等显色剂在夜空中发出光亮，远望如点点繁星，美如梦境。

对于宋代人来说，五色烟花、“地老鼠”烟花、“流星”烟花这些都不算什么，他们可以让烟花在瑰丽多变之外，更具魔幻戏剧色彩，比如有一种叫作“药发傀儡”的烟花表演节目，是将各种纸人叠放在花炮内，当火药引线点燃后，花炮射向空中燃炸，纸人便在火光烟雾中随风飘摇旋转，宛如神话故事中的主角登场，令“吃瓜”群众叹为观止。

更过瘾的是，“药发傀儡”的表演可以像演戏一样，让指定的纸人形象以一定的顺序出现，就像舞台上演员按剧情准时登场一样，高水准的表演者能够让人们观看到《天女散花》《武松打虎》《唐僧取经》《劈山救母》等“烟花戏剧”。

不过，这种高规格的烟花表演不是谁都能驾驭得了的，烟火量的多少、点燃的时间，甚至烟花摆放的角度等，都有严格要求，须有专业的烟火表演师操持才行。如果古代直播“药发傀儡”烟花表演，应该会有字幕：专业表演，请勿模仿。

相比“药发傀儡”，南宋宫廷中的“烟火戏”更接近戏剧表演的场景。为了让烟花燃放的画面更为惊艳，宋代人发明了“成架烟火”——许多种烟火被串联组合起来放在高架上燃放。“烟火戏”是将成架烟火做成一面面屏风的样子，面向观众的是一幅幅画面，随着火药引线一一点燃，一幅幅画面依次“播放”，可不就是妥妥的戏剧表演嘛！

从爆竹衍生出来的烟花一路高歌猛进、升级换代，爆竹本身也没有停止发展。从最初的以火燎竹到后来的火药竹筒，已经是一个进步，再后来，人们干脆省去了竹筒，用纸将火药硝石等包裹起来，这样，爆竹的身形就变得更加轻盈而小巧玲珑，也有了“爆仗”“炮仗”“纸炮”的别名。许多小型的炮仗用药线串联在一起，就成了我们如今最常见的鞭炮。

我们现在还能见到的、点燃后能升上半空的花炮“起火”，其实在南宋就已出现。南宋人发明“起火”，本是为了娱乐，却不料又让中国多了一项伟大的发明——火箭。人们在“起火”的基础上研制出了早期的火箭。火箭技术在南宋被发明以后，迅速在全国推广，在元代随火药技术一同传入欧洲。

从这个意义上来说，一向作为娱乐担当而存在的爆竹与烟花，其实是我国古代火箭的前身。寻找到了火箭的身世档案，关于西安炮房街的诸多迷惑也便一一解开。现今炮房街的花炮市场已不在，爆竹烟花也淡出了人们的生活，但这一个声音响亮的地名，令现代人看到了我国的古代发明，忆起那些不应被忘却的过往，作为中华民族的自信心和自豪感油然而生。

丰子恺《爆竹除旧庆升平》

由此，每一个中国人都应该相信，我们拥有如此辉煌的历史文化，我们的强大具有深厚的根基，曾经的荣耀并非瞬间燃放的爆竹烟花，而是永不熄灭的火药引线，拥有无穷能量。

火药局巷

西安城的觉醒年代

随着清王朝步入垂暮之年，中国这头东方雄狮也陷入了困惑和迷惘。在民族危亡的重要节点，国人之中，昏昏欲睡、得过且过者大有人在，但也不乏一些“人间清醒”的有识之士，在努力为国家寻求出路，试图力挽狂澜。左宗棠便是“人间清醒”中的一个。

鸦片战争爆发之后，左宗棠和龚自珍、魏源、林则徐等人，开始了救国之路的探索。中国在战争中屡屡处于劣势，对此认真分析之后，左宗棠深刻认识到了西方的长处，他决心学习这种长处为国所用，开始在全国各地开办机器制造厂和军工厂，又与李鸿章发起了洋务运动。

1869年，左宗棠来到陕西，在西安东县门创办了西安机器局，以制造新式枪炮所需的弹药，西安近代军工业就此起步。三年之后，西安机器局迁往兰州，改名为兰州制造局。1894年，甲午战争爆发，军火需求量增大，西安东县门又建起了陕西机器制造局，主要负责制造军用枪械。一年后，陕西机器制造局更名为陕西机器局。

1898年，陕西机器局由东县门迁到了西南城角内的一条小巷里，被老百姓称为“洋炮局”。在这里，洋炮局并不孤单，因为小巷里还有一个同类伙伴——火药局。

火药局其实是清朝的军火库。最早的时候，火药局设在西安城相对繁华的东南城区，后来发生了一次严重的爆炸事故，火药局连同周围的民居等建筑全部损毁，民众死伤者达数百人。后为了安全起见，火药局迁到了人烟相对稀少的城西南角，与洋炮局相距不远。火药局所在的小巷，便被称为火药局巷。

洋炮局、火药局，牵起的是一段烽火染山河的难忘岁月。那是抗争的年代，那是以血肉之躯赢取尊严的年代，亦是中国的觉醒年代。

小小的火药局巷，不仅有着洋炮局、火药局这样的军工厂，还住过许多著名的大人物，其中一位就是为辛亥革命做出过重要贡献的张云山。

张云山是陕西长安人，年少时因生活所迫加入清军，后来加入了反清组织哥老会，逐渐成了核心人物。彼时，清王朝已成为中国发展历程中的腐朽桎梏，孙中山先生领导的同盟会正在全国酝酿一场伟大的变革。时任同盟会陕西分部部长的井勿幕，发现哥老会是一支可以争取的重要的革命力量，于是加大宣传力度，广泛吸收哥老会成员加入同盟会，张云山也是其中之一。

1910年，西安城东南，大慈恩寺的大雁塔下，年轻的井勿幕与张云山、万炳南等哥老会重要人物歃血为盟，同盟会与哥老会进一步确立了合作关系，革命又多了一股力量，只等时机一到，便长歌向天，令中国改换人间。

时机很快成熟。1911年10月10日，湖北武昌起义发动并很快取得胜利，清王朝的封建帝制进入倒计时，长久处在暗夜中的中国，将要迎来黎明。

听到武昌起义成功的消息，西安的革命党人个个精神振奋。其实，他们原本定于10月6日举行武装起义，只是由于清廷当局防范甚严，再加上天气阴雨，所以未能如愿。

现在武昌起义已然打响了第一枪，时不我待，唯有迅速行动。按计划，起义定在10月29日进行。因风声走漏，为防万一，革命党人决定将起义时间提前到22日。当时井勿幕还未返回西安，张凤翙被临时推选为起义总指挥。

激动人心的时刻终于到来。

10月22日上午10点，革命队伍从位于西安城以西的大营出发，兵分几路同时行动。一路由南门进入，经书院门、开通巷，最后到达东县门，占领了那里的军火库。一路由西门进入，经木头市占领另一座军火重地，并将那里作为司令部，指挥全线战斗。还有一路先到陆军中学收取了枪支，将学生们纳入起义队伍后，迅速占领了城内的制高点——鼓楼，后又派兵占领了藩库，这里存放的70万两白银，足够革命初期的军费开支。

到了下午，陕西巡抚衙门和军事参议官衙门分别被另两路起义军占领。至此，只有清王朝在西安城的基础上修筑的满城没有进驻起义军。胜利就在眼前，必须速战速决。

23日凌晨，革命军分别从钟楼、东门一线和钟楼、北门一线分别向满城发起进攻。战斗激烈地进行着。下午三点多，在大差市附近的满城缺口处，革命军开始实行轮番强攻，清兵败退，起义军像潮水一样涌入满城。

与此同时，另一路革命军攻战了满城的新城门（今后宰门街西口）。很快，位于北门城楼处的弹药库被起义军的炮弹击中，清兵全面溃败，起义军随之全面占领了满城。那一声震动天地的巨响，宣告着西安城的光复，也宣告着辛亥革命西安起义的胜利！

在西安起义的感召之下，陕西全省也很快得以光复。光明开始降临三秦大地。

原本，清王朝的计划是以陕、甘为大后方，逐步收复东南，不料陕西居然和湖南一起，成为最早响应武昌起义的两个省。

在起义发动的过程中，西安人民不顾危险，毅然决然纷纷剪掉辫子，给手臂缠上白布，以此表达对革命军的支持。

西安这座古老的城，从漫长的岁月深处走来，经历过荣耀，也经历过沉寂，和全中国一起，她在迷惘中瞻望，在瞻望中觉醒，而后，在觉醒中一步一步，走向曲折、艰难而又光辉的旅程，这条路，通向中华民族的伟大复兴。

如今，火药局巷中的洋炮局、火药局与张云山的宅院，都已随往事消失不见，火药局巷这个地名却留了下来。光阴的流水上，西安城的觉醒年代就在那里，民族与国家的历史记忆也在那里。

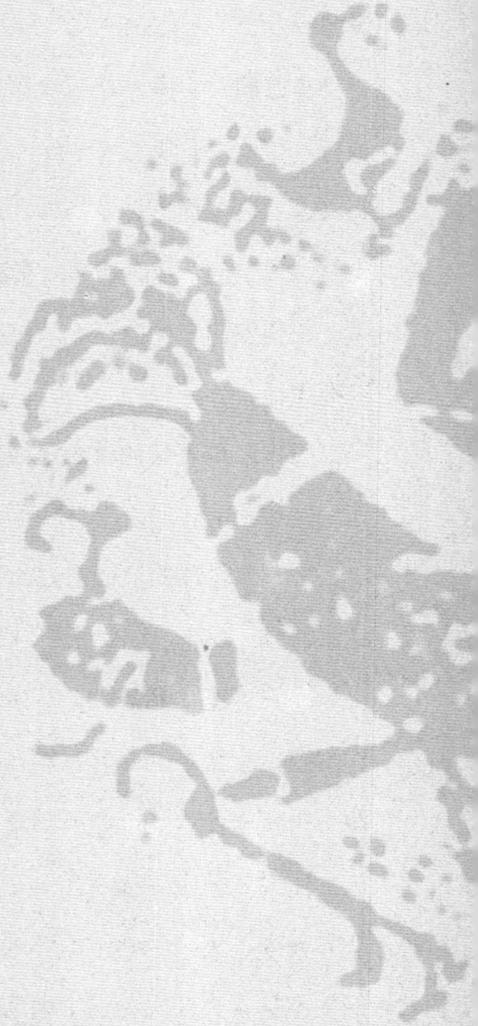

伍

锦绣文心

耀古今

『贡院门』

走进古代考场

从西安城西门进入，沿西大街东行，不久可见路北一条绿荫遮蔽、闹中取静的小街，街边的路牌上写着“贡院门”。

何为贡院？这条街为何叫作贡院门？这还得从遥远的明代说起。

明代宗景泰七年（1456年），在陕西的读书人中，一条爆炸性新闻瞬间传开：陕西贡院建成了！贡院就是古代科举考试的专用场所，是向朝廷贡献人才的院所。不过，明清时期的贡院，专指京城和省会的科举考场，地方上府州县学的科举考场一般称为试院和考棚。

在此之前，陕西没有专门的贡院，此次建成的陕西贡院，是时任左布政使的许资奏请朝廷修建的。陕西贡院建在西门里西大街北侧，具体位置就在如今的儿童公园及其周边地区。修建贡院之时，专门开辟了一条从西大街通往贡院的街道，这就是现在的贡院门街。

第一批进入贡院参加考试的陕西考生，心里别提有多激动和兴奋了，因为那是梦开始的地方。虽说刚建成的陕西贡院设施简陋，无法与京城、江南等地的贡院相比，但毕竟是专属、独立的考场，意义自是非同一般。

其实，在科举诞生的初期，考试并没有专用场所，一般都是临时借用官府的场地。直到唐开元二十四年（736年），长安城才有了第一所贡院。当时的贡院规制比较简单，考生之间并没有分隔，负责考务的官员也都是临时差遣。晚唐五代时期，贡院成为国家的一个常设机构，虽没有固定场所，但有了在贡院工作的专门的考试管理人员。

宋朝建立初期，贡院的考试程序开始有了具体、严格的规定，其中对同一试卷阅卷时实行“双重定等第法”，堪称一大发明，至今高考作文阅卷采用的还是这种方法。不过，那时的贡院依然像个“流浪儿”，朝廷的礼部、寺庙、太学，它都临时“借住”过。直至宋徽宗上台，贡院才有了独立的、永久性的场地。到了军事疲弱但文化繁盛的南宋，礼部有了专门的省试贡院，随后贡院开始兴盛，成为城市中一道常见的建筑景观。

经过金、元两代的发展，明清时期的贡院已经形成了固定、明晰的格局和形制。如果用现代无人机来航拍，你会看见贡院如同一个宫城，整体建筑坐北朝南，最外层有围墙，内层还有一圈插着荆棘、刺藜的围墙，院内的建筑以南北为中轴线对称排列，中轴线上分布着中心建筑，在中心建筑东西两侧又有众多厅堂，看起来就像是一进接一进的四合院。在这些四合院的东西两侧，就是考生们考试时所处的独立小房间，称为“号舍”。

如果你要沉浸式体验，可以从大门进入，将整个贡院浏览一番。

所有的贡院大门都称为“龙门”，取“鲤鱼跃龙门”之意，这与科举考试的气氛完美搭配。大门内最南端为考试区，再向北依次为外帘区和内帘区。

在考试区，你首先会看见位于中轴线上的一座三层高楼，这是考试区的灵魂建筑，也是整个贡院的制高点，主要功能是监考。这座楼的名称一般按惯例叫作“明远楼”，两侧分布有厅堂。明远楼与这些厅堂以及号舍，就组成了考试区。

如果单纯从空间布局上看，这样的划分似乎不合理，因为号舍分布于整个贡院建筑的东西两侧，北端的号舍已经延伸到了后面两个区域。不过，从功能上来说，号舍是考生应试作答的正式场所，所以这样划分也说得过去。

你是不是很好奇号舍是什么样子？号舍有很多排，排与排之间一般相距不足一米，很像一个个整齐又拥挤的小巷子，所以叫“号巷”。号巷巷口有号灯和水缸，巷尾有茅坑。每排号巷都有名称，以《千字文》中的文字编列，但“天、地、玄、黄”这四个字以及圣人名讳、数字和凶煞字眼禁用。每排号巷内分隔有若干个号舍，每间号舍的名字为“某字第几号”。

最开始，号舍是用木板搭成的简易棚子，所以又叫“考棚”。后来某个贡院发生过一次严重的火灾，所有的贡院都开始改用砖墙。号舍只有南面一个门，其他三面都是墙壁，没有窗户。考试开始时，考生从这个门进入，门就会锁死，直到考试结束门才会打开。可想而知，这样的房间，采光、通风都非常不好。更令人崩溃的是，这个房间非常逼仄狭小——史料上记载的号舍面积，还不足1.5平方米！

按规定，考生在考试期间是不能出号舍的。你能想象吗？这么小的空间，竟然能够满足考生在整个考试期间的基本生活需要，秘密就在于巧妙的设计：在号舍的东西两侧墙壁上，各留有一高一低两个槽缝，以供插入木板。白天，考生考试时，将两块长条形的木板一高一低插入，就成了桌椅；夜晚，将两块木板合二为一就成了床铺，只不过考生睡觉时要学习运用“缩骨术”，尽量让身体蜷缩成最小的一团才能成眠。

睡的问题算是解决了，那吃喝呢？号舍的墙壁上设有小龛，可放置小火炉，用来加热食物或者是烧茶水。在这里做饭肯定是行不通的，考生一般只能带些干粮在火炉上热一热，勉强果腹。在贡院举行的会试一般都要考三场，每场三天，总共要持续九天。考试条件是相当艰苦，但读书人不会在意这些。多年寒窗，现在是与理想最接近的时刻。

逛完了考试区，接下来该进入外帘区和内帘区了。从明远楼向北，中心建筑是至公堂，围绕至公堂，设有掌卷所、受卷所、誊录所、对读所、弥封所等部门。整个外帘区其实是管理考生相关事务的场所，另外还设有外帘官员的居室。

至公堂再向北，就是内帘区，这是贡院的核心区域，以聚奎堂为中心，设有内收掌、内监试、内提调等部门以及刻字房和印刷房。考试的命题、试卷的印刷和批阅以及考生的录取、定榜等工作，都在内帘区进行。

贡院建筑规模如此宏大，体现了古代统治者对人才和文化的重视。在历史的长河中，随着科举制被废除，各地贡院也一一被拆除，陕西贡院自然也难以幸免，只留下了一个叫作贡院门的街名，供人们怀想过往。

科举制的利弊暂且不说，从贡院走出的学子中，有不少人成为国家和民族的栋梁，曾给行进中的中国带来了光亮和希望。从这个意义上说，贡院不仅承载着科举文化的记忆，也承载着民族历史和人文血脉的记忆。

西安城里，一条名叫贡院门的小街，让这些模糊的记忆悠然醒转，逐渐清晰。

「正学街」

听宋代大咖张载讲学

北宋至和元年（1054年），三十五岁的张载接到了文彦博的邀请，遂离开家乡横渠（今陕西省宝鸡市眉县横渠镇），赴长安学宫讲学。

文彦博是朝廷重臣，三年前被贬为忠武军节度使，主管永兴军，而永兴军的指挥中心就在长安。文彦博听闻张载对经典学说颇有研究，且孝行美德感动关中，便生出请张载讲学的念头。这对张载来说，是惊喜，是历练，也是人生一次重要的提振。

张载还是幼童时，便随父亲到涪州（今重庆市涪陵区）任职，后父亲在任上去世，十五岁的张载便与母亲、弟弟护送父亲的灵柩回河南老家。当时，西夏时常进犯大宋，西北边境战乱频发，一度波及陕西境内。当张载一行到达横渠附近时，前方发生兵乱，加之回乡路费已用尽，张载便将父亲就地安葬，后与家人定居在这里，所以世人称他“横渠先生”。

亲身感受过战乱给自己和西北人民带来的痛苦，张载开始苦研兵法，期望尚武报国。二十岁那年，张载听闻范仲淹在延州（今陕西省延安市）主持西北防务，便前去献上了自己的抗敌之见《边议九条》。

位于陕西省宝鸡市眉县的张载祠

慧眼识人的范仲淹很是赞赏张载的军事见地，同时建议张载若将精力放在治学上，或许会有更大成就。年轻的张载根据范仲淹的建议，结合自己的读书经历以及对当前思想学术的认识，最终确定了未来的发展方向，自此苦研《中庸》等孔孟儒学经典，后来也读佛、道典籍及《周易》。在儒家“六经”之中，张载对一般人望而却步、最难啃的《易经》尤为精通。

张载在长安学宫的这次讲学，无疑是一场盛典，他以渊博的学识、独到的见解令关中大地的读书人经受了一场精神洗礼。这是张载第一个重要的高光时刻，这么多年他无暇科举功名，主业就是读书，为的就是有朝一日能够建立自己的思想体系和学说。现在，他正在迈进的路上。

比起在横渠，显然长安讲学的获益者更多，这让张载意识到偏居一隅的局限性，要让自己的学问发挥更大的价值、要让更多人受益，就要走出横渠，最好能够为官施政。他开始一边读书游学，一边准备科举考试。到长安讲学三年之后，张载高中进士，同榜题名者之中还有苏轼、苏辙、曾巩等人。

进士放榜之后，时任宰相的文彦博再次邀请张载讲学。于是在京城开封的大相国寺中，张载坐在历来只有大儒贤者才能坐的虎皮椅上，开始讲解《周易》。这是张载的又一个重要的高光时刻。云集的三千多名听众之中，还有来自河南的程颐、程颢兄弟，他们与张载本是亲戚，称张载为表叔。在这次讲座中，张载与“二程”，这三位宋代理学的灵魂人物相遇在一起，他们的思想碰撞，愉快而有价值。

进士及第之后，张载开始辗转各地，在基层任职。他并不是一个只会纸上谈兵的道学先生，而是将自己所读之书、书中之理尽力在现实中施行。他行仁政，关心底层民众疾苦，同时也以自己的军事才能为国效力。

熙宁二年（1069年），张载经人举荐受到了宋神宗的召见，神宗有意让他在京师任要职，王安石也有意让张载加入自己的变法阵营，但都被张载一一婉拒。随后，因弟弟张戬反对王安石变法，张载不愿卷入宦海是非，便辞官回乡，在横渠一边耕田一边读书治学，他的很多重要的思想、著作都形成于这个时期。

辞官七年之后，张载再次受到朝廷征召。但因与礼院长官政见不合，张载很快便称病辞官。谁也没有想到的是，张载再也回不到心心念念的家乡横渠了——回乡途中，在经过临潼骊山脚下时，他一病不起，一代大儒与世长辞，终年五十八岁。

就像一个单枪匹马的勇士，张载在学海中奋力前行，最终走出了独属于自己的一条路，创立了宋代理学中的关学流派。关学诞生、形成于关中大地，但辐射的是整个中国。张载以生命在治学，他将所读的经典，与自己在世间的所见、所思、所感以及宇宙万物、民生伦理、人事礼法等融合，最终形成了丰富博大的思想学说体系——关学。

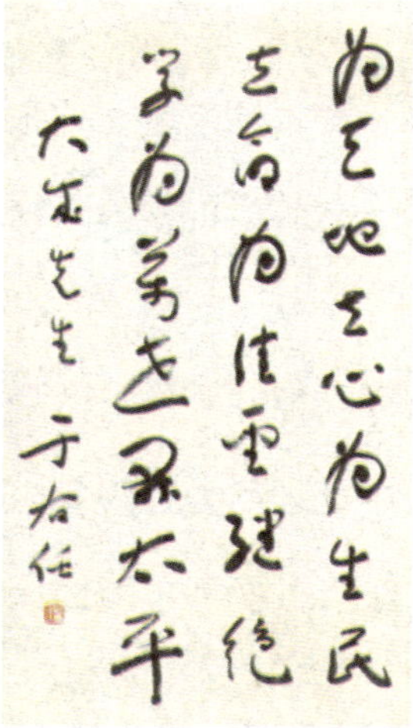

于右任书“横渠四句”

张载学说的核心，是广为流传的“横渠四句”：为天地立心，为生民立命，为往圣继绝学，为万世开太平。心怀天地万物与苍生黎民，以继承、传续古圣先贤之珍贵精神遗产为己任，他所期望的，不过是一个未来的太平盛世。如今，这盛世如他所愿，关学余脉绵延喷薄。在他讲学的长安宫学旧址上，后人曾先后建起过祠堂和正学书院，以纪念横渠先生给予长安城的精神滋养。时过境迁，祠堂和正学书院已湮没在历史的尘埃中，只留下一条名叫“正学”的小小街道，满街林立的商铺，所售不外笔墨纸砚与锦旗牌匾，书香与古意让这里变得独特。

走在正学街上，仿佛还能听到张载讲学的声音。张载用自己的毕生，为中华优秀传统文化的巨大宝书，添上了浓墨重彩的一笔。这笔迹，我们应该永远铭记，时时临习。

『三学街』

最有底气的大型文化“凡尔赛”现场

在历史文化底蕴异常厚重的西安城，如果要来一场比赛，最佳比拼项目是文化。城中纵横交错的寻常巷陌、市井小街，表面上貌不惊人，实质都可能是大型文化“凡尔赛”现场。在这之中，最有底气的，当数三学街。

说到三学街，也许很多人感到陌生。但提起西安碑林博物馆，那可是中外皆知的文化宝藏巨库。三学街与碑林博物馆一南一北紧紧相邻，地理位置仿若绝好的隐喻，这一街一馆的生命史亦是你中有我、相伴而生。

遥远的西汉，汉武帝采纳大儒董仲舒之建议，在长安设立了我国古代第一个官方最高教育机构——太学。之后，汉平帝正式在太学立庙祭祀孔子。其实，早在周代就有官学立庙的传统，不过所祭祀者为周公，在汉代又加上了孔子。唐初，在学府中立周公庙、孔子庙已经成了难违的皇命，孔庙开始在华夏九州遍地开花。

唐末天祐元年（904年），朱温挟持唐昭宗迁都洛阳，长安城遭遇浩劫，京兆尹韩建将长安缩建为新城，将原本位于务本坊的国子监及存于其中的一部分石经迁入新城内，这些石经中包括《开成石经》和《石台孝经》。

岁月倏忽而逝，五代宋初，原来的国子监变成了孔庙。朝代虽经更迭，文化传承却并未中断——唐代石经依然完好地保存在孔庙之中。相比于被弃荒野的其他石经，它们是幸运的。后梁开平三年（909年），永平军节度使刘鄩出守长安，在下属尹玉羽的劝说之下，将那些暴露于野外的唐代石经也迁到了长安城内。

韩建、刘鄩，这两个史册上易被忽略的小人物，他们在一闪念间的举动，却是中国文化史上的大事件。这些得到庇佑的石经，形成了碑林博物馆生命的源头。

如同人一样，石经也有自己的命运。转眼已是北宋元祐二年（1087年），近二百年光阴飞逝而过，石经们站立的地方变得低洼破败，时任陕西转运副使的吕大忠，不忍石经已经被潮湿的泥土埋没，便将它们迁到了京兆府学的北墙之下。

京兆府学位于京兆文庙内，由知永兴军府事范雍于景祐元年（1034年）创办，而京兆文庙的前身，正是唐长安城中的太学。庙宇与学堂浑然一体，这是中国独有的景观。在中国人的心里，文化有如神明，值得敬畏与膜拜。

吕大忠是个有心之人，他不但将石经从泥淖中拯救出来，而且给予了它们尊严——那些曾经被泥覆土埋的石碑，经清洗修复之后，整齐地陈列在了碑亭和碑廊之中，碑林初具轮廓。吕大忠对长安城的贡献不止于此，他曾主持绘制刊刻了唐长安城的详细地图《长安图碑》，由此后人才能知晓隋唐长安城的大致模样。

西安碑林博物馆内的古碑　雷强 / 摄

吕大忠迁移石经十六年后，又一位知永兴军府事的虞策，将文庙、府学和唐石经一起迁到了现在西安碑林所在的地方。那些石经的地位进一步上升，在孔庙中拥有了一个独立的院落，碑林渐成规模。

石经受到如此礼遇，是因为北宋时期是我国古代金石学发展的第一个高峰，金石碑刻成了文人雅士的新宠，欧阳修、赵明诚是北宋金石学家的优秀代表。自此，孔庙、府学和碑林没有再经迁移，它们从北宋崇宁二年（1103年）起，在三学街的北侧一直屹立到如今。

其实，早先并没有三学街这个地名，三学街的成名史与长安城的生命史紧密相连。

经过韩建缩建以后，长安城穿过五代、北宋、元王朝的滚滚烽烟，来到了明代。随着奉元路改为西安府，“西安”之名从此诞生。朱元璋次子朱樉在西安获封秦王之后，对长安城进行了扩建，形成了如今西安城的基本布局。明成化七年（1471年），陕西巡抚马文升将长安、咸宁两县的县学迁到了府学和孔庙的东西两侧，自此，“一庙三学”的格局形成。

清代，金石学复兴，西安碑林也迎来了空前的机遇，开始迅速壮大，藏石数量和种类大幅增加。像一个正在成长的青年，碑林不再作为孔庙、府学的点缀，开始放射出自身独具的夺目光彩。

在碑林的生命史上，一个人的名字应该被深深铭记。他就是清乾隆年间在陕西任职长达十五年之久、对关中历史文化遗存保护做出巨大贡献的学者型官员毕沅。毕沅不但对碑林进行了大规模的修整和改建，而且制订了细致的保护方案，比如碑林由巡抚衙门直接管理，对石碑按年代排列并加装防护栏，并且限制拓印……

作为诸多朝代的旧都，长安城周边及整个关中大地散落着大量被人遗忘的历代碑刻，毕沅调集人力对这些碑刻进行了大范围的搜罗，最后将它们存放到了碑林之中。流浪的石碑有了安稳的归宿，碑林也渐渐成了一座巨大的宝山。

西安碑林博物馆外的古槐

毕沅之后，碑林不再是官方的专属和私藏，而逐步成为一个面向社会公众开放的、独立的文化机构。从清嘉庆年间开始，西安碑林终于掩藏不住四射的光华，渐渐闻名天下。

清末科举制被废除，停办的西安府学后来与文庙、碑林一起成为今天的西安碑林博物馆。府学东西两侧的长安县学和咸宁县学，也已消失不见，只留下了长安学巷和咸宁学巷两个地名。

三学街将这些曾经扎堆的大型文化“凡尔赛”现场串联在一起，形成了著名的三学街历史文化街区。

从长安到西安，从太学、文庙、府学到碑林博物馆，这座城市历尽千年沧桑，唯一不变的，是永久的文脉流芳。若要有具象的证明，你只需看一看三学街边、碑林墙头那从唐代绿到了现在的千年古槐。

『书院门』

直声震天下，书怀一瓣香

“高手在民间”，如果你来到西安书院门，将对这句话有更深的体会。

从永宁门东边的城门洞进入，行不多久便会在右手边看到一座古旧的砖塔和一座高大的牌楼，塔名为宝庆寺塔，牌楼上镌“书院门”三个大字。

如你所料，和西安许多带“门”字的街巷名一样，书院门是一条街道。从牌楼进入，如果不是街上行人穿着现代服装，你会疑心穿越到了古代：青石铺就街道，街两边清一色的仿古建筑，每间店铺所售不外笔墨纸砚、字画古玩等古旧文化艺术品。

街边坐着的人，看似普普通通，一边气定神闲地谈笑，一边手起手落，不多时，手绘国画折扇、秦小篆刻章、古乐器埙、龙飞凤舞的书法作品……一件件浓浓中国风的作品便创作完成。

这些深藏不露的高手是如何练成的？一切，皆因脚下这片土地的灵气。

这是一条被历史眷顾的街道。这条街上，有着大书法家于右任的故居，有着关中书院的旧址，这些古老的建筑，与矗立在书院门街口的宝

书院门牌楼　加博尔·霍瓦特／摄

庆寺古塔，曾在过往的时空中，有着奇妙的遇合……

明万历三十七年（1609年），关中书院建成了。新建的关中书院在宝庆寺以东的小悉园，整体看上去像一个大大的四合院，中心建筑为六间讲堂，名“允执堂”。这个名字取自《尚书》中的“允执厥中”一词，意思是坚持不偏不倚的中庸之道。允执堂左右各有四间教室和六间学生宿舍。允执堂前有半亩方塘，桥亭映泉，碧波卧虹；堂后有嶙峋假山，四周花木葱茏，松竹梅槐各展其姿，这是风物的点缀，也昭示着读书人不凡的精神取向。

诚心向学的人们从四面八方，像潮水一样涌入关中书院，偌大的空间又显得拥挤起来。关中书院的吸引力如此之大，主要原因在于书院的主理人兼主讲人冯从吾。

冯从吾生于长安，出身于士大夫家庭，天资聪颖，以王阳明为人生偶像。长大后的冯从吾考中进士，在朝为官，一度做到了监察御史。如果他善于逢迎，前途将无限光明。但冯从吾本质却是个不折不扣的“钢铁直男”，他坚持正义，不媚权贵，曾不顾危险弹劾宦官胡汝宁。

冯从吾的耿直出了名，但谁也没有想到，他居然敢当面怼皇帝。据《明史》记载，冯从吾曾给万历皇帝上奏章，指责皇帝沉湎饮酒享乐，延误国事。皇帝哪受得了这个，面子上挂不住，立刻就要打冯从吾板子，幸亏有人求情，再加上太后过生日，冯从吾这才逃过一劫。

很快，冯从吾罢官回乡，闭门读书。他苦研理学，决心将北宋张载创立的关学发扬光大。随着学问日益精进广博，前来上门求学的人越来越多，冯从吾开始在家授徒讲学，因求学者太多，冯从吾便开始在宝庆寺讲学，听讲者多达上千人。宝庆寺地方太小，无法容纳诸多潜心听众，于是地方官便特地修建了关中书院，请冯从吾前去讲学。

冯从吾在关中书院的讲学非常火爆，陕西、四川、甘肃、河南、湖北等地的学子纷纷前来。每到开讲之时，听者常达千余人，跟随冯从吾学习的学生，竟达到了五千多人。冯从吾从此名动天下，关中书院也成了全国著名书院之一、西北书院之首。当时人们评价冯从吾：“出则真御史，直声震天下；退则名大儒，书怀一瓣香。”

那是冯从吾和关中书院的高光时刻。

明熹宗即位后，冯从吾再得起用，前往京师为官，公务之余仍开坛讲学，并且在京师修建了首善书院。时值晚明，宦官专权，朝局昏暗，冯从吾一边与东林党人直斥时弊，一边用理念学说启人心智，希望拯救国运。不想这触动了魏忠贤等奸佞权臣的利益，万般无奈之下，冯从吾告老还乡，继续在关中书院讲学。

但魏忠贤之流并未因此而罢休。当时很多书院迫于魏忠贤的权势纷纷为其立生祠，关中书院却坚持不从流俗，这自然招致魏忠贤强烈不满。天启六年（1626年），魏忠贤蛊惑皇帝，下令禁毁全国书院，关中书院未能逃过一劫。冯从吾眼见着一众学子奉若神明的孔子塑像被推倒丢弃，自己多年苦心经营的关中书院毁于一旦，忧愤交加，便绝食明志，最终含恨离世，终年七十一岁。

冯从吾逝去两年之后，魏忠贤倒台，关中书院得以重建。此后的岁月里，关中书院时盛时衰，经历过数次重修，名字也数次变更，但一直生机长存。

清光绪二十九年（1903年），关中书院更名为“陕西第一师范学堂”。1912年，又更名为“陕西省立第一师范学校”，后来又改称“陕西省立西安师范学校”，简称“西安师范”。

数百年来，任世事多艰、时光流转，关中书院的琅琅书声从不曾断绝。从这里走出的学子，很多都成为影响中国历史的人物，其中就有国民党元老、著名书法家于右任。于右任的故居，如今仍坐落在书院门街

关中书院　加博尔·霍瓦特 / 摄

上，与关中书院遥遥相望，这是隔空的牵念和深情。

更多从关中书院走出的人，在中国历史的丰碑上，以一种群像的方式存在。

清光绪二十一年（1895 年），康有为在京发动“公车上书”，参与者中有五十五位陕西籍学子，很多曾就读于关中书院。辛亥革命时期，更名为“陕西第一师范学堂”的关中书院，有很多学子参与了反清活动。

尤为值得一提的是，在抗日战争时期和解放战争时期，从曾经的关中书院、当时的西安师范走出的一批批学子，顶着白色恐怖的浓重阴影，慷慨激昂地喊出一句句爱国口号，鼓舞了三秦人民的斗志。“西安事变”前夕，古城西安的爱国学子从关中书院出发，前往临潼向蒋介石请愿……不仅如此，邓颖超、彭德怀等革命先烈还曾先后在关中书院举行过抗日宣传活动。至今，关中书院一侧的墙壁上，仍立有“中华民族解放先锋队全国总部遗址”的标牌。

这是值得我们永远铭记的红色记忆。

作为关中书院生命延续的“西安师范”，1949年后曾几度更名，一度停办，但历史总会做出明智的抉择。1985年，“陕西省西安师范学校”在关中书院旧址挂牌成立，2009年并入西安文理学院。关中书院虽成了西安文理学院的一个校区，但古老的样貌和记忆被后世珍惜留存。

从永宁门到书院门，会依次经过当年宝庆寺遗留下来的宝庆寺塔、于右任故居、关中书院旧址。很像一条时光隧道，一条街串起了关中书院的前世今生。这条古朴内敛的街道，像极了低调务实的秦人，冯从吾与关中书院所倡导的关学，正是反对空谈，强调实干。

在这里，看不见的传统文化的精华与看得见的古物遗存完美契合，将一个城市的历史文化进行聚焦、浓缩。滴水映乾坤，芥子纳须弥，在这里，看见西安，看见中国。

『早慈巷』

反作弊与谐音梗

晚唐诗人温庭筠有一个外号叫“温八叉”，据说他在科举考场上写诗作文毫不费力，每一叉手则一韵成，叉手八次便作成一篇八韵文。如此有才华的人却不得重用，主要原因在于人们认为他的人品有瑕疵，行为放荡不羁，曾很多次在考试时充当“枪手”——他居然能在考官眼皮子底下，神不知鬼不觉地连救八个人的场。

自从有了科举考试，就有了形形色色的作弊手段，除请“枪手”外，还有贿赂考官、修改籍贯和履历、夹带等。贿赂考官需要有雄厚的资金支持，修改籍贯和履历需要有深广的人脉，请“枪手”替考也有一定难度，只有夹带看似最容易，所以一些考生就用此手段，妄图为自己的梦想搏上一把。

有些考生将纸条藏在衣服鞋袜里，有些则在衣服和身体上写满密密麻麻的文字，有些转换思路，在文具、食品、蜡烛上抄下自己认为最重要的考试内容，颇有技术含量的，要算考试作弊“袖珍书”。2005年，天津就出土了这样一套“袖珍书”。全套书只有火柴盒大小，共分九卷，每卷内大概有十几篇文章，共有十多万字。这么小的载体，容纳了这么多文字，怎么做到的？原来，每个文字只有一毫米见方，是用牛角刻版印刷而成。

这已足够令人惊叹，但古人的可能性和想象力并不止于此。河南洛阳发现的一本“袖珍书”，堪称“世界最微型”，这本书到底有多小呢？长6.5厘米，宽4.8厘米，厚1.5厘米，全书用宣纸印刷，细丝线装订，做工很讲究。这本书有342页，容纳了30万字，书中刊载着“诗、书、礼、易、春秋”这“五经”的全文及注释，连序言也没落下。

不过，就算做成了如此小型的“袖珍书”夹带，想要带进考场也并不容易。据史料记载，从唐朝开始，科举考试之时，考场周围会设兵士严防死守，考生进门要经过严格的搜身检查，只能携带餐具、水、炭和蜡烛等物品进入。为了防止有人翻墙而入，考场的围墙会插上荆棘等带刺的树枝。

防范如此严密，然而上有政策、下有对策。考生们为了金榜题名，也是将作弊手段发挥到了极致。

围墙上有刺，人进不来，但鸽子可以飞进来啊。有的考生就在平日苦苦训练信鸽，到了大考之日，让家人把鸽子放进考场，考生把写有试题的纸条让信鸽带回家，家人让事先请来的“高手”写好文章，鸽子再将纸条带回考场。起初，考官们并不提防有这一招，后来见得多也就明白了怎么回事，于是就命令守卫考场的士兵，看到有鸽子飞过便果断射杀。

还有些考生们用起“黑科技”来作弊，更令考官们防不胜防。苏轼曾在《物类相感志》一文中记载：“盐卤窗纸上，烘之字显。”这是世界上最早发明的银盐变黑的显影技术：用盐卤水在衣服或纸上写满字，进考场时考官看不出丝毫异样，因为字根本不会显现出来，一旦进了考场，用蜡烛一烘烤，字就全显现出来了。

当然，有作弊就有反作弊。搜身、在围墙上插刺等，是最基本的反作弊方法。随着科举考试的发展，政府官方的反作弊系统也在逐渐完善。

唐代因为是科举实行初期，经验不足，所以反作弊主要防范的是考生，对考官缺乏严格、规范的监管和约束，特别是实行的“通榜”制度，更是为考官受贿大开方便之门。“通榜”就是指在考试前向社会公开征询即将参考的考生的才学品行，相当于做个社会调查，这是录取的重要参考。这个过程中，社会名流的举荐就显得尤为重要。所以，考生们在考试前会多方奔走，想尽办法拜谒权贵公卿，或献上财物礼品，或呈上自己的得意之作，期望得到推荐，在千军万马挤独木桥的惨烈竞争中多操一份胜券。这就是“行卷”“投卷”或“温卷”。现在看来，这是一种公开的舞弊行为，但当时的人们却习以为常，我们熟知的很多著名唐代大诗人，比如李白、杜甫、白居易等人，都曾试图通过行卷的方式叩开科举登第的大门。

宋代对科举制度进行了改进和完善，开始对考卷进行“糊名弥封”，类似于现在的考卷装订密封。考官看不到考生姓名，这在一定程度上防止了考场舞弊，但有些考官会事先辨认考生的笔迹，所以后来就有了“誊录”，考卷由专人重新誊抄后再交给主考官批阅。这些举措有效地防止了考试舞弊，保证了科举考试的客观公正。

相比于唐朝，宋朝对夹带的检查也更为严格，规定考生进入考场时，都要脱衣检查。在考试过程中，会有士兵来回巡逻监视，这样即便带了小抄也很难有机会使用。对于考官收受贿赂这个老大难问题，宋代也有绝招——实行“锁院”制度，主考官一经任命，便立即进入考院，锁门不出，与外界完全隔绝，连家人也不得相见，直到考试结束。大文豪欧阳修任主考官时，就曾在考院过了整整五十天的闭锁生活。

相比宋代，明代的考生作弊的机会更少。进入考场，不但要解衣脱帽，接受士兵的巡视监督，还要查验考号，如果发现夹带，监禁一月不说，还可能被充军或革职。到了清代，相关规定更为严格。除了进入考场时的搜身、考试中的监视及考号的查验外，考生进场的路线、试卷的印刷和编号、试卷的分发和回收、场屋的开放和封闭等，都有非常详细而明确的规定。

当然，对于考官舞弊的惩治也非常严格，有些考官会因此而被长时间监禁，因此送命的考官也为数不少。

在科举制度数百年的发展史上，作弊方式虽花样百出，但终究是歪门旁道，不入正途，伤害了考试的公平性。而反作弊法始终在随着科举的发展而渐渐升级，也许有些规定看似严苛，但为的不过是维持全社会河清海晏的正气。

在与作弊的相互较量中，反作弊法也在不断花样翻新，然而最原始、最简单的反而用得最长久——明清时期陕西贡院的围墙上插着枣刺，这和唐代的做法如出一辙。因此，贡院东边的巷子就叫作枣刺巷。

枣刺巷还有一个别称“早慈巷”，这个谐音梗的背后满蓄温情。

相传清朝时，枣刺巷里住着很多赶考的学子，其中很多家境清贫的学子没有钱雇人照料自己的生活起居。巷子里的老百姓日子虽也过得清苦，却非常善良，他们打心眼里心疼、同情这些学子，都不约而同自发性地行动起来：每天早晨，他们都会为那些无人照料的考生们打好洗脸水，送来热乎乎的饭菜。受恩的学子感动至极，无以为报，就把枣刺巷称作“早慈巷”，意思是早晨行慈悲之事的巷子。

如今，科举制度早已消亡，陕西贡院也不复存在，只有贡院门街和早慈巷这两个地名，记录着科举文化在西安城中的遗存。

不可否认，科举有其弊端，但同样不可否认的是，科举也有其进步之处。科举之中积极的部分，同样是中华优秀传统文化的组成元素，被承袭和延续了下来。中华文化正是因着这种强大的吞吐吸纳和自我净化能力，才一直绵绵不绝，创造了世界文化史上的奇迹。